ISLAND

FEUER UND EIS

Im März 2010 bildete sich ein neuer Vulkan am Rande des Eyjafjallajökull.

PETER GEBHARD

ISLAND

FEUER UND EIS

FREDERKING & THALER

20:08 / FIMMVÖRÐUHÁLS *Ausflug ins Rote: Schneescooter erreichen den jungen Vulkankrater.*

2:03 / BREIÐAMERKURSANDUR *Skulpturenpark: Die Brandung spült Eisberge der Gletscherlagune an die Küste.*

9:34 / LÁTRABJARG *Steiler Zahn: Das Kliff am Westkap Islands ist der größte Vogelfelsen Europas.*

REISE DURCH ISLAND

ÍSAFJÖRÐUR
3
ÞINGEYRI
ARNARFJÖRÐUR
PATREKSFJÖRÐUR
FLATEY
2
BREIÐAFJÖRÐUR
STYKKISHÓLMUR
SNÆFELLSNES
BORGARNES
STRANDIR
HÓLMAVÍK
BLÖNDUÓS
DRANGEY
SAUÐARKROKUR
4
BRÚ
HOFSJÖKULL
LANGJÖKULL
GEYSIR
ÞINGVELLIR
1
REYKJAVÍK
KEFLAVÍK
SELFOSS
LANDMANNALAUGAR
MÝRDALSJÖKULL
VESTMANNAEYJAR
VÍK
7
70 68 83 82 59 65 | 85 72 74 80 77 48 64 63 50 78 90 84 | 88 66 52 79 44 58 60 8 62 57 54 105 104 36 103 92 | 96 100 | 102 99 94 86 43 39 40 38 41 32 35 37 46 26 182 183 | 184 | 186 | 187 | 188 160 24 168 162 30 164 20 28 22 4 | 16 | 18 | 172 | 174 | 179 | 180 181 176 170 158

Weiße Ziffern zeigen den Ausgangspunkt des jeweiligen Kapitels.
Rote Ziffern markieren die Standorte der Fotos auf den jeweiligen Buchseiten.

PETER GEBHARD *bereist seit über 25 Jahren die Vulkaninsel im Nordatlantik.*

WILLKOMMEN AUF ISLAND!

Velkomin heim heißt es auf jedem Flug der Icelandair nach der Landung in Keflavík. »Willkommen zu Hause« – würde ein Flugbegleiter deutsche Urlauber, die soeben aus Mallorca oder etwa von einer Fernreise heimkommen, bei der Ankunft in München, Hamburg oder Berlin solchermaßen begrüßen, wären Kopfschütteln, Gelächter, Unverständnis zweifellos die Folge. Nicht so auf Island, denn hier liegen die Dinge ganz anders, und das ist besonders auf die innige und tiefe Verbundenheit der 330 000 Bewohner zu ihrer Heimat zurückzuführen, dieser kargen, wind- und wetterumtosten Vulkaninsel weit draußen im Nordatlantik.

Dabei könnten die Voraussetzungen für eine solch ausgeprägte Heimatliebe kaum ungünstiger sein: Statt grüner Wiesen und Wälder sieht man, so weit das Auge reicht, nur öde schwarze Lavafelsen. Vegetation? Fehlanzeige. Nur hie und da kümmerliche Moospolster, graugrüne Farbtupfer in der Einöde. Schon mancher Tourist wird sich beim Anblick der exponierten Halbinsel Reykjanes auf dem Weg vom Flughafen zur Hauptstadt Reykjavík gefragt haben, warum um Himmels willen er ausgerechnet hier seinen Urlaub verbringen will, zumal das Wetter die allgemein Tristesse noch verstärkt. Nieselregen, Nebel oder Sturmböen wechseln einander ab oder kommen als geballte Ladung daher. Auch die Orte, die auf der einstündigen Busfahrt vorbeiziehen, sind keine Offenbarung. Von wegen historische Stadtzentren, Burgruinen, Schlösser wie in Mitteleuropa – hier ducken sich monotone, gartenlose Eigenheime und niedrige Wohnblocks aus Beton in irgendeine halbwegs windgeschützte Bucht, die sich zu nichts anderem als zum Fischfang eignet.

Allen Widrigkeiten zum Trotz harren die Isländer seit fast 1200 Jahren auf dieser Insel aus, die sich beinahe immer lebensfeindlich zeigt und Naturkatastrophen wie Vulkanausbrüche und Erdbeben fast wie am Fließband produziert. Aber wahrscheinlich hat gerade diese permanente Bedrohung in Verbindung mit der Grenzlage am Rande der Zivilisation – immerhin liegt die Insel näher an Grönland als an Schottland – die Bewohner im Laufe der Jahrhunderte zu einer verschworenen Gemeinschaft werden lassen. Von den frühen Fehden der Wikingerzeit einmal abgesehen haben die Menschen, die in kleiner Zahl in isolierten Orten lebten, früh erkannt, dass es einfach überlebensnotwendig war, Gemeinschaftssinn zu entwickeln, einander zu helfen, um sowohl die Unbilden des Wetters als auch die Launen der Natur überstehen zu können. Unter solchen Bedingungen musste fast zwangsläufig Selbstbewusstsein und irgendwann so etwas wie Nationalstolz entstehen.

Die jahrhundertelange Gratwanderung zwischen kargem Auskommen und extremen Notzeiten, die eine existenzielle Gefährdung der Gesamtbevölkerung mit sich brachten, gipfelte in den Vulkanausbrüchen der

Laki-Spalte in den Jahren 1783/84. Auf einer Länge von 25 Kilometern spuckten damals weit über 100 Vulkane Lava und giftige Asche. Ein Großteil des Weidelandes wurde vernichtet, ein Fünftel der etwa 50 000 Inselbewohner und mehr als die Hälfte des Viehbestands verhungerten daraufhin – die Überlebenden litten bittere Not. So erwog die dänische Krone, zu deren Herrschaftsgebiet Island zu jener Zeit gehörte, vorübergehend sogar, die Restbevölkerung nach Jütland umzusiedeln.

Doch schon damals hielten die Menschen ihrer Insel die Treue, auch wenn sie noch genauso primitiv lebten wie ihre Vorfahren. Während anderswo Kultur, Kunst und Wissenschaften Glanzleistungen hervorbrachten, bewohnten die Isländer zu einem großen Teil noch ihre dunklen, feuchten Torfhütten. Nach einer kurzen Blütezeit im 12. Jahrhundert, als grundlegende Werke über Landnahme und Besiedlung der Insel verfasst wurden, war es nämlich ständig bergab gegangen, wozu nicht zuletzt die Ausbeutung durch die fremden Herren – auf die Norweger folgten die Dänen – beitrug. Erst 1911 kam es beispielsweise zur Gründung einer Universität in Reykjavík, und obwohl Island 1918 politisch souverän wurde – zunächst allerdings in Personalunion mit Dänemark –, setzte ein nennenswerter Aufschwung erst nach der vollständigen Unabhängigkeit 1944 beziehungsweise nach Ende des Zweiten Weltkriegs ein. Die folgenden fast 60 Jahre amerikanischer Militärpräsenz auf dem NATO-Stützpunkt Keflavík sahen die meisten Isländer zwar mit starkem Widerwillen, doch in dieser Phase entwickelte sich das Land in enormer Geschwindigkeit zu einem modernen Staat mit exzellenter Lebensqualität und Infrastruktur.

Das hielt Mutter Erde allerdings nicht davon ab, in ihrem Versuchslabor Island weiter kräftig herumzuexperimentieren: So entstand 1963 nahe der Südküste durch eine submarine Vulkanexplosion eine neue Insel: Surtsey. Nur wenige Kilometer entfernt brach zehn Jahre später auf Heimaey, der Hauptinsel der Westmänner-Inseln, der Eldfell, der Feuerberg, aus. Ascheregen und Lavaströme verwüsteten den Hafenort, doch zum Glück konnte die gesamte Bevölkerung dank der Fischereiflotte gerade noch rechtzeitig innerhalb weniger Stunden evakuiert werden. Trotz der Katastrophe kehrten die meisten Bewohner nach einigen Monaten zurück und bauten ihre Häuser sogleich wieder auf – ein weiteres Beispiel für die Entschlossenheit der Isländer, zusammenzuhalten und sich beizustehen. Die dramatische Rettungsaktion der knapp 5000 Einwohner gilt als ein international bewundertes Bravourstück.

Mitte der 1970er-Jahre mussten sich die Isländer jedoch gegen eine ganz andere Bedrohung zur Wehr setzen: Ausländische, vor allem britische Trawlerflotten plünderten die reichen Fischbestände rund um die Insel dermaßen, dass die wirtschaftliche Existenz auf dem Spiel stand. Als Reaktion darauf erweiterte die Regierung in Reykjavík mehrmals das Hoheitsgebiet, bis sie schließlich einseitig eine 200-Seemeilen-Zone proklamierte. Die Auseinandersetzungen mit den Engländern eskalierten dermaßen, dass man vom Kabeljaukrieg sprach. Nachdem die isländische Küstenwacht die Netze britischer Fischtrawler gekappt und die begleitenden Marineboote gerammt hatte, wurden für einige Monate sogar die diplomatischen Beziehungen zwischen Großbritannien und Island unterbrochen. Ein Jahr später indes akzeptierten alle EU-Staaten diese Zone, und mittlerweile ist sie weltweit anerkannt. Das kleine Land, das nicht einmal über eigene Streitkräfte verfügt, hatte sich mit einer Handvoll Küstenwachtschiffen erfolgreich gegen eine militärische Großmacht zur Wehr gesetzt – ein weiterer Geniestreich!

Isländer packen also an und manchmal auch zu. Sie denken nicht sehr lange über eine Sache nach, sondern

ISLANDS KARGHEIT SCHÄRFT DIE SINNE FÜR DIE KLEINEN, ABER WICHTIGEN DINGE, DIE MAN SONST OFT GAR NICHT MEHR BEMERKT. SO WIRD ZUMINDEST FÜR SENSIBLE GEMÜTER AUS ÄUSSEREM REISEN AUCH EIN INNERES REISEN. ”

handeln ganz einfach. Was allerdings hin und wieder auch mal richtig schiefgeht wie vor Kurzem in der Finanzkrise, als die etablierte Politikerclique tatenlos beim Roulettespiel einiger größenwahnsinniger Banker zuschaute und damit nicht nur eine beispiellose Staatspleite verursachte, sondern auch Tausende ihrer Bürger in den Ruin trieb. Isländische Investoren waren über den halben Erdball auf Einkaufstour gegangen: hier eine russische Brauerei, dort eine dänische Bank – mit dem geliehenen Geld war plötzlich alles möglich. Der Kollaps war vorprogrammiert, auch weil es seit den 1980er-Jahren zu einer Art Volkssport geworden war, Schulden zu machen, denn die Kredite für das Eigenheim oder den neuen Jeep wurden durch die damals oft zweistellige Inflationsrate über die Jahre fast von alleine getilgt. Konsum- und Risikofreude gehören eben seit jeher zu den typischen Wesensmerkmalen der Insulaner. Zwar hat die Finanzkrise mit Arbeitslosigkeit und lebenslangen Schulden bei vielen Menschen tiefe Spuren hinterlassen, doch während hierzulande über solch einen Zustand jahrelang lamentiert und diskutiert würde, begreifen die meisten Isländer trotz allem die Krise zugleich als Chance für einen Neustart, als eine Art Rückbesinnung auf alte Werte. Das Leben auf Island gleicht also in doppelter Hinsicht einem steten Tanz auf einem Vulkan.

Bei dieser extremen Konstellation verwundert es nicht mehr, dass fast nur außergewöhnliche Menschen auf der Vulkaninsel zu leben scheinen: Island besitzt die höchste Pro-Kopf-Dichte an Literaturnobelpreisträgern (nämlich einen: Halldór Laxness) sowie an Schachgroßmeistern (zwölf) und Schönheitsköniginnen, die zur Miss World gekürt wurden (zwei). Außerdem kann es international bekannte Popstars wie Björk oder Sigur Rós aufweisen, erfolgreiche Krimiautoren, die stärksten Männer, dazu ein Handballteam von Weltklasse, das sämtliche Nationen schon einmal besiegt hat. Und das Ganze bei einer Einwohnerzahl, die einer mittleren deutschen Großstadt wie Bielefeld oder Mannheim entspricht!

Allerdings herrschen auf Island, was die Einwohnerverteilung angeht, grundlegend andere Verhältnisse als etwa in Deutschland. Mit Ausnahme des Großraums Reykjavík ist es der totale Gegenentwurf zu unserem zersiedelten Land, in dem man sich angesichts einer allgegenwärtigen Betriebsamkeit und Beschleunigung kaum noch als Individuum wahrnimmt. Auf der einsamen Insel weit draußen im Nordatlantik hingegen herrscht Reduktion bis hin zur totalen Leere vor. Und Stille, oft eingehüllt in ein geradezu traumhaftes Licht. Hier ist der Mensch keine Nummer im Getriebe, sondern kann sich auf sich selbst besinnen und spürt die Erde, denn hier an der geologischen Nahtstelle zwischen Europa und Amerika befindet er sich direkt an ihrem Puls. Islands Kargheit schärft die Sinne für die kleinen, aber wichtigen Dinge, die man sonst oft gar nicht mehr bemerkt. So wird zumindest für sensible Gemüter aus äußerem Reisen auch ein inneres Reisen: Zeitlosigkeit spüren, eine ganz besondere Art der Selbsterfahrung.

Island kann berauschen, süchtig machen, doch das geschieht nie in ein paar Stunden oder Tagen. Dafür benötigt man sehr viel Geduld und Zeit – das weiß ich bestens aus eigener jahrzehntelanger Erfahrung: Bei meinem ersten Aufenthalt im Jahre 1984 »belohnte« mich die Insel mit geschätzten acht Stunden Sonnenschein, leider nicht pro Tag, sondern für die gesamten drei Wochen!

Für mitteleuropäische Verhältnisse also ein ganz grausamer Sommer. Zwar blieb es nachts hell, aber es schüttete Stunden um Stunden, mitunter Tage, aus einem meist bleigrauen Himmel. Ich war damals unter anderem in den entlegenen Westfjorden unterwegs, und meine Versuche, per Anhalter voranzukommen, gerieten angesichts des minimalen Autoverkehrs zu einem einzigen Desaster. Mehrfach schien mein nordlandtaugliches Zelt im Sturm seinem Ende nahe, und fast jeder Aufenthalt auf hoher See – ob Fischtrawler oder Fähre – endete mit schwerer Seekrankheit.

Trotzdem ließ mich Island danach nicht mehr los – weil es nämlich in diesem ersten Islandsommer auch ganz andere Erlebnisse, Momente von betörender Schönheit und unbeschreiblicher Intensität, gab: Mutterseelenallein wanderte ich tagelang über die monumentalen Felsklippen von Hornstrandir, aus denen millionenfach das Geschnatter der brütenden Vögel widerhallte, lauschte der Meeresbrandung tief unter mir, bis eine Nebelbank wieder alles verschluckte. Oder als ich nach dreitägiger Wanderung durch bizarre Vulkanlandschaften die heißen Quellen von Landmannalaugar erreichte und, durchnässt von heftigen Regengüssen, über die erkaltete Lava ins Tal hinabschaute, da brach plötzlich wie in einer Theaterinszenierung die Sonne durch die pechschwarzen Wolken und zauberte einen makellosen Regenbogen über die erleuchteten Vulkanberge.

Doch nicht allein die nordische Urlandschaft mit ihren Gletschern und Geysiren, Wüsten und Vulkanen berührte und begeisterte mich. Da schwang auch immer eine gewisse Faszination für die sehr individuelle, von Spontaneität geprägte Lebensart der hightechvernarrten Wikingernachfahren mit. Auf Island ist alles möglich. So nahm mich in jenem verregneten Sommer ein junger Fischer mit seinem brandneuen Jeep in die Westfjorde mit. Die Fahrt über die kurvenreichen, schlechten Schotterpisten dauerte endlose Stunden, und wir kamen erst weit nach Mitternacht in seinem Heimatort Suðureyri an. Wie selbstverständlich konnte ich bei ihm und seiner Familie übernachten und zwei weitere Tage bleiben, in denen wir fischen gingen und nächtliche Schwimmausflüge unternahmen. Zwei Jahre später erlebte ich, wie mitten in einer Herbstnacht eine Horde von Jeepfahrern in der Hütte von Landmannalaugar einfiel. Erfolgreiche Geschäftsleute, die einmal im Jahr ein Wochenende irgendwo in der Wildnis gemeinsam feierten. Die wenigen Touristen flüchteten ins Obergeschoss, nur ich blieb mit den trinkfreudigen Wikingern im Küchenraum. Einer von ihnen erzählte mir von seinem Studium in Deutschland, inzwischen gehörte ihm eine ganze Trawlerflotte an der Südküste. Ein paar Tage später lief die *Olafur Jónsson* mit ihrer zwölfköpfigen Fischercrew und mir aus dem Hafen von Keflavík aus, zwei äußerst bewegte, unvergessliche Wochen auf hoher See folgten.

Ich wurde zum *islandsvinur*, zum hart gesottenen Islandfan, und entwickelte irgendwann mein persönliches Initiationsritual: Beim Verlassen des Flughafens Keflavík halte ich inne, schließe die Augen und tauche ein in die unbeschreiblich frische, klare Luft (Wo gibt es das sonst noch neben einem großen Flughafen?), atme die würzige Salzbrise, die vom Meer herüberweht, tief ein und richte den Blick auf den großen, weiten Himmel über mir. Dann greife ich beherzt zu meinem soeben erworbenen, auf Island allseits beliebten Knabberspaß, einer Tüte Trockenfisch. Während der Fahrt Richtung Reykjavík erfolgt dann der krönende und genussvolle Abschluss des Rituals, ein isländischer Schoko-Lakritz-Riegel namens *Draumur* (Traum) ...

Begleiten Sie mich einfach durch dieses grandiose und oft so widersprüchliche Traumland!

20:10 / EYJAFJALLAJÖKULL *Wärmepumpen: Sonnenuntergang über dem jungen Vulkankrater*

20:05 / HRUNAGIL *Roter Faden: Für wenige Tage stürzte sich im März 2010 ein Lavastrom in die Schlucht.*

11:23 / STAKKHOLTSGJÁ *Sackgasse: Am Ende einer bizarren Tuffschlucht in der Þórsmörk*

GODALAND

10:36 / LANDMANNALAUGAR *Schuttplatz: Die farbenprächtigen Rhyolith- und Liparitberge*

1:44 / GEYSIR *Überschuss: Alle paar Minuten bricht der Strokkur (Butterfass) im Haukadalur aus.*

16:43 / SELJALANDSFOSS *Überflieger: Der Star unter Islands Wasserfällen stürzt über ein Kliff 40 Meter in die Tiefe*

10:42 / ÖLFUSÁ *Milchstraße: Gletschersedimente formen beständig die Flussdeltas im Süden Islands.*

KELI *ist eines der vielen Multitalente Islands – er lebt auf Snæfellsnes.*

1

UNTER SCHLAFENDEN VULKANEN

VON REYKJAVÍK NACH STYKKISHÓLMUR

405 KILOMETER

Das Island-Abenteuer begann für mich in den 1980er-Jahren, der Zeit meiner ersten Aufenthalte, hinter sechs Meter hohen Flaschen, denn die riesigen Attrappen vor der Egils-Brauerei markierten lange Zeit die Stadtgrenze von Reykjavík. Wie oft stand ich dort als junger Student mit Rucksack auf dem Rücken und kaum Geld in der Tasche, wollte hinaus ins weite Land meiner nordwärts gerichteten Träume. Mal nahm mich ein Fahrer gleich 150 Kilometer weit nach Norden mit bis zu meinem Freund Sverrir auf dem Bauernhof Hvammur, mal setzte ein anderer mich nach wenigen Kilometern im Vorort Mosfellsbær ab.

Inzwischen hat sich die Hauptstadt längst weitere Talsenken und Hügel einverleibt, die Neubauviertel und Industriezonen schieben sich auch schon über Mosfellsbær weit ins Land hinaus. Etwas oberhalb davon lebte und arbeitete Halldór Kiljan Laxness, der berühmteste isländische Schriftsteller, über ein halbes Jahrhundert lang in seinem Haus Gljúfrasteinn. Seine Lebensspanne umfasste beinahe das gesamte 20. Jahrhundert, das auch für Island gewaltige gesellschaftliche Veränderungen brachte. Um 1900 lebten über 80 Prozent der isländischen Bevölkerung auf dem Land, die Wege waren so miserabel, dass es keine Pferdekutschen, geschweige denn Autos gab. 100 Jahre später, zur Jahrtausendwende, hatte sich die Situation mehr oder weniger umgekehrt: 90 Prozent wohnten inzwischen in größeren Ortschaften, davon zwei Drittel im Großraum Reykjavík, und Island war vorgerückt in die Phalanx der Länder mit der höchsten Auto- und Handydichte pro Einwohner.

Laxness erlebte nicht nur Islands rasante Aufholjagd in die Moderne, sondern thematisierte den Umbruch auch in einigen seiner Werke. So handelt sein Roman *Das Fischkonzert* von einem Bauernhof, der allmählich von der stetig wachsenden Stadt Reykjavík umzingelt wird. Die alte Welt mit ihren bewährten Traditionen, aber zugleich mit ihrer muffigen Enge, trifft auf die laute Moderne, die mit neuen Abhängigkeiten und leeren Glücksversprechen die Menschen täuscht. Sein Roman *Atomstation*, für den er 1955 den Literaturnobelpreis erhielt, spielt in der Nachkriegszeit, als nach Gründung der Republik und endgültiger Loslösung von Dänemark die umstrittene amerikanische Militärbasis die politische Unabhängigkeit seines Heimatlands konterkarierte. Streben nach Freiheit und eine individuelle Lebenseinstellung bis hin zum Starrsinn zeichnen die meisten seiner damit so typisch isländischen Protagonisten aus.

KEIN MENSCH WEIT UND BREIT, NUR GANZ VEREINZELT BEWEGEN SICH EIN PAAR WOLLKNÄUEL AUF DEN KARGEN, SANFT GESCHWUNGENEN HÄNGEN. DER BLICK GLEITET WEITER ZU EINEM GROSSEN TIEFBLAUEN SEE, DEM ÞINGVALLAVATN … ”

Ländliche Idylle im Bezirk Mýrasýsla zwischen Reykjavík und der Halbinsel Snæfellsnes

Der Schriftsteller selbst blieb Island jahrzehntelang fern. Mit 17 Jahren schon verließ er die ärmliche, aus seiner Perspektive bäurische, ungebildete Heimat und ging nach Kopenhagen, reiste in den folgenden drei Jahrzehnten quer durch die Welt. Ein Grenzgänger in jeder Hinsicht. Anfang der 1920er-Jahre zog er sich für ein Jahr in ein luxemburgisches Kloster zurück, konvertierte dort zum Katholizismus, schrieb danach für einige Jahre in Hollywood Drehbücher (die niemand haben wollte), näherte sich nach einer expressionistisch-surrealen Phase für viele Jahre dem marxistischen Gedankengut an, um 1945, am Ende seiner Wanderjahre und nach seinem literarischen Durchbruch mit *Islandglocke*, als gefeierter Schriftsteller in die Heimat zurückzukehren. Seine doppelte Perspektive als Heimatdichter und Internationalist schärfte seinen Blick auf die Menschen, die Dinge und deren Bedeutung. »Laxness war der Aufbruch Islands in die Moderne«, hat sein Biograf Halldór Guðmundsson treffend die Bedeutung des Schriftstellers beschrieben.

Hinter Laxness' früherem Wohnsitz öffnet sich die Landschaft nach Osten. Kein Mensch weit und breit, nur ganz vereinzelt bewegen sich ein paar Wollknäuel auf den kargen, sanft geschwungenen Hängen. Der Blick gleitet weiter zu einem großen tiefblauen See, dem Þingvallavatn, und auf die nackte dunkelbraune Bergkette dahinter, die am Horizont mit Eisfeldern verschmilzt. Eine Gegend, die aussieht, als habe sich hier seit Jahrtausenden nichts verändert. Alles wirkt ruhig und zeitlos, doch in Wirklichkeit ist diese Region einer der absoluten *Hot Spots* auf Island, denn vier aktive Vulkane, deren Eruptionen in den letzten Jahrtausenden die Landschaft gestalteten, umgeben den See. Das Gewässer befindet sich nämlich direkt auf der Grabenbruchzone des mittelatlantischen Rückens, der geologischen Nahtstelle zwischen Europa und Amerika, die jedes Jahr bis zu zwei Zentimeter weiter auseinanderdriftet. Die steten Zerrkräfte haben besonders an der Nordseite des Sees bereits feine, parallele Haarrisse in die Landschaft gezeichnet.

Der berühmteste Spalt ist die Schlucht von Almannagjá, durch welche die Isländer seit dem Jahr 930 fast neun Jahrhunderte zum Alþing, einer Volksversammlung mit parlamentarischem Charakter, schritten. Mitte Juni, um die Sommersonnenwende herum, versammelten sich hier die Männer jedes Jahr zwei Wochen lang unter freiem

Islandpferde auf einer sumpfigen Wiese im Nordwesten

Himmel, um vor allem Rechtsstreitigkeiten zu klären. Das Alþing erließ Gesetze, die sich an norwegische Vorbilder anlehnten und sprach Recht, aber es fehlte ihm gleichzeitig jede exekutive und damit staatliche Macht. Trotzdem ist der Zeitraum zwischen 930 und 1262, als die Insel vom norwegischen Königreich annektiert wurde, als Freistaat Island in die Geschichte eingegangen. Zwar überlebte das Alþing bis 1800, als die Dänen die Zusammenkünfte kurzerhand verboten, hatte jedoch keinerlei politische Bedeutung mehr. Was blieb, war der Volksfestcharakter, den es von Anfang an besaß. Von nah und fern zogen die Menschen heran, denn die Versammlung der Männer diente gleichzeitig als großes Familientreffen. Wohl auch deshalb war der Ort sorgsam ausgesucht worden: Relativ gut erreichbar bot er genügend Frischwasser – einen Fluss mit reichen Fischbeständen – sowie gutes Weideland für die Pferde. Darüber hinaus dürfte die hervorragende Akustik in der Schlucht eine entscheidende Rolle gespielt haben, denn es war wichtig, dass jeder die Worte des Gesetzessprechers, der vom sogenannten Gesetzesfelsen aus die Anordnungen verlas, verstehen konnte.

Ähnlicher Erkenntnisse über Klangschwingungen in der Natur bedient sich auch ein Mann, der 50 Kilometer nördlich von Þingvellir wohnt. Páll ist Künstler und Bildhauer, und den Rohstoff für seine Skulpturen findet er direkt auf seinem Anwesen, dem väterlichen Hof in Húsafell: Basalt, Liparit, Granit in allen Formen und Größen, vom Kiesel bis zum tonnenschweren Koloss. Überall liegen Gesichter herum, darunter die steinernen Konterfeis von Bach, Beethoven und Björk. »Die Gesichter sind schon immer da gewesen«, sagte er mit bescheidenem Lächeln, als ich ihn besuchte. »Ich verfeinere nur den Ausdruck, damit jeder es sehen kann.« Jetzt stehen die kleineren Skulpturen in einem zum Ausstellungsraum umfunktionierten Heusilo, während er für die größeren eine Art Scheune mit Grassodendach errichtet hat.

Irgendwann fiel ihm bei der Arbeit mit seinen Steinen auf, dass sie Töne von sich geben können, woraufhin er 2001 seine erste *steinharpa* (Steinharfe) baute, eine Art Riesenxylophon aus verschieden großen Steinplatten. Ursprünglich sollte es lediglich ein Kunstobjekt für ein Museum in Reykjavík sein und war überhaupt nicht als Instrument gedacht. Als Páll jedoch immer stärker das musikalische Potenzial entdeckte, lernte er Noten und brachte sich selbst das Spielen auf seinem Steinxylophon bei. Dadurch wurde die isländische Band Sigur Rós auf ihn aufmerksam und engagierte ihn spontan für einige ihrer sphärisch anmutenden Konzerte. Páll aus Húsafell trat in London, Paris und anderen europäischen Großstädten auf, aber er blieb trotz des Erfolgs dort, wo er vor über 50 Jahre geboren wurde: in Húsafell, das aus drei Häusern und einer kleinen Kirche besteht. Wenn man Glück hat, hört man ihn im Gotteshaus ein Bach-Präludium auf einer Steinharfe spielen – barocker Geist und nordische Natur in vollendeter Harmonie. Páll braucht nicht viel, um glücklich und zufrieden zu sein: Er ist nicht verheiratet, besitzt kein Auto und trinkt keinen Alkohol. Hingegen wird er sicherlich noch viele Steine zum Leben erwecken – er könnte eine Figur aus einem Laxness-Roman sein.

Johann Sebastian Bachs göttliche Musik veranlasste etwa Mitte der 1970er-Jahre einen jungen Bauern und Schafzüchter aus einem Tal in der Umgebung, sich für ein Hochschulstudium im norddeutschen Lübeck zu bewerben. Sverrir vom Hof Hvammur im Norðurárdalur, der zu Hause vor allem während der dunklen Wintermonate gerne und viel Klavier spielte, bekam das Stipendium, wurde jedoch nicht glücklich dort. Er litt unter Heimweh. Die Sehnsucht nach dem elterlichen Hof im weiten Tal, nach den Wiesen, durch die beständig der Wind streift, dem Fluss unter dem Berghang, in dem die Lachse schwimmen und an dessen Ufern schüttere Zwergbirken stehen, packte ihn bereits nach wenigen Wochen. Das Heimweh steigerte sich ins Unermessliche, weil er wegen Geldmangels lange nicht nach Hause fahren konnte. Dagegen halfen weder Schönheit und historischer Charme der alten Hansestadt noch deren studentisches Kneipenleben.

Ich kannte diese Geschichte schon von meinem Vater, der an der Musikhochschule Lübeck zu jener Zeit unterrichtete, und als ich zum ersten Mal auf die Vulkaninsel reiste, suchte ich natürlich auch Sverrir auf. Sehr schnell lernte ich damals die spontane Gastfreundschaft, die so unprätentiös lockere Art und die innige Verbundenheit der Isländer mit ihrem Land kennen und lieben. Seitdem habe ich fast bei jeder meiner 30 Islandreisen bei Sverrir und seiner Familie vorbeigeschaut, half mal beim herbstlichen Schafabtrieb, mal bei der Heuernte.

Irgendwann bemerkte ich, dass sich das bäuerliche Leben mit seinen Traditionen und Ritualen, zunächst kaum spürbar, zu verändern begann. Immer mehr Bauern im Tal gaben ihre Höfe auf, einige verkauften ihr Land an reiche Städter, die sich dort ihr Sommerdomizil errichteten. Auch Sverrirs Kinder blieben nicht. Alle drei

Der Golfplatz von Borgarnes: Zeichen der Moderne im ländlichen Island

waren irgendwann aus dem Haus, lebten in Reykjavík und Kopenhagen. Und weil die Schafzucht kaum noch etwas abwarf, der Klavierunterricht ebenfalls nicht genug einbrachte, entschied sich Sverrir Mitte der 1990er-Jahre, in die Computerbranche einzusteigen. Regelmäßig besuchte er die Hannover Messe und wurde in Westisland als »Computerbauer« bekannt. Nach ein paar guten Jahren liefen auch diese Geschäfte nicht mehr richtig, doch er hatte mit seiner angeborenen Bauernschläue gleich eine neue Idee parat und begann neben seiner Arbeit auf dem Hof deutsche Kirchenorgeln nach Island zu verkaufen. Als seine Frau erkrankte, zogen sie in Erwägung, den Hof aufzugeben und in eine kleine Wohnung nach Reykjavík zu ziehen – dann machte die Finanzkrise diesen Plan zunichte. So leben sie noch immer auf ihrer Scholle, dem letzten bewohnten Hof im oberen Norðurárdalur, und Sverrir kümmert sich trotz kaputten Rückens weiterhin um 300 Schafe. Bei unserem letzten Telefonat ließ er durchblicken, dass er mittlerweile schon etwas Sehnsucht nach Norddeutschland habe ...

Wo will der Mensch hin? Wo ist sein Platz in dieser Welt? Immer dort, wo er sich gerade nicht befindet? Viele Jahre vor und während meines Fotografiestudiums habe auch ich mich als Suchender mit diesen Fragen herumgeschlagen, habe mich durchaus gefragt, ob all meine Reisen vielleicht nur eine Flucht vor der Wirklichkeit, vor Verantwortung, vor dem Erwachsenwerden darstellen. Aber letztendlich schufen die Reisen mit all ihren so unterschiedlichen Begegnungen, einem weisen, unaufdringlichen Ratgeber gleich, einen festen, unerschütterlichen Kern in mir – man kann es auch Persönlichkeit oder Selbstvertrauen nennen. Erst durch das lange Unterwegssein habe ich mich selber erfahren und gefunden. Wenn man dieses Gefühl der Erdung in sich spürt, bedarf es auch keines teuren Esoteriktrips zu irgendeinem vermeintlichen Kraftzentrum auf unserem Planeten.

Als besonders energiereicher Ort gilt seit jeher der vergletscherte Vulkan des Snæfellsjökull (Schneeberggletscher) weit draußen im Westen, etwa 100 Kilometer vom Norðurárdalur und der Ringstraße entfernt.

Schotterpiste westlich von Arnarstapi auf der Halbinsel Snæfellsnes

Die Kirche von Ingjaldshóll unterhalb des Snæfellsjökull

Unterhalb des Berges, der auch durch Jules Vernes fantastischen Roman *Die Reise zum Mittelpunkt der Erde* berühmt wurde, liegt auf der Südseite das kleine Dorf Hellnar eingekeilt zwischen erkalteten Lavaströmen und der Meeresbrandung. Dort leitete Guðrún, eine erfolgreiche Geschäftsfrau aus Reykjavík mit spirituellen Ambitionen, für einige Jahre ein Gästehaus. Höchstpersönlich führte sie die Gäste durch einen nahen »Elfenhain«, kommunizierte mit diesen feenhaften Wesen ebenso wie mit Zwergen. Und sie vermarktete geschickt die angeblich besondere Energie des Berges, umgab das Haus mit Steinkreisen und großen Kristallen, die helfen sollten, diese Kräfte zu spüren und zu nutzen. Yogakurse wurden angeboten, Seminare über Kraftfelder und Sternzeichen veranstaltet. Inzwischen hat der Besitzer gewechselt, das traumhaft gelegene Anwesen wurde erweitert und nennt sich jetzt Countryhotel. Die Gäste können wahlweise wandern, reiten oder sich mit einer Schneeraupe auf den Eisgipfel befördern lassen – die Elfen und Zwerge von ehedem sind unbekannt verzogen. Aber sie sind ein Thema in Island, mit dem sich auch Halldór Laxness in seinem skurrilen Roman *Seelsorge am Gletscher* beschäftigt hat: Ein junger Vertreter des Bischofs soll die merkwürdigen Vorgänge in einer Gemeinde am Fuße des Snæfellsjökulls unter die Lupe nehmen. Der dortige Pfarrer hält schon seit vielen Jahren keine Gottesdienste mehr ab, sondern hilft den Bauern bei handwerklichen Arbeiten und entwickelt Theorien, dass der Snæfellsjökull mit Spiralnebeln im All, aber auch mit Elfenwiddern und kalifornischen Lebenserweckern in Verbindung stehe. Die Geschichte nimmt immer bizarrere Züge an: Unter anderem taucht die verschollene Frau des seltsamen Pfarrers auf und verführt den Bischofsvertreter, um danach mit ihm in ihrem Auto zu einem Haus »am Ende der Welt« zu entschwinden …

Als ich im Frühsommer 2012 wieder einmal Richtung Snæfellsjökull fuhr, entdeckte ich per Zufall ein Dutzend großformatiger, kunstvoll arrangierter Fotocollagen, welche die surreal-sphärische Stimmung aus Laxness' Gletscherroman beeindruckend widerspiegelten. Sie hingen in Langaholt, einem touristisch genutzten Gehöft mitten auf dem flachen Land, im Restaurant des Gästehauses. *Nahe der Oberfläche* hat die Künstlerin Þórdís Claessen aus Reykjavík ihren Zyklus über die Sagen- und Historienwelt auf Snæfellsnes genannt. Da ist Kolbeinn Jöklaskáld, der bei Vollmond ein *Poetry-Slam* gegen den Teufel gewinnt, ebenso wie der Schwarzbrenner Bjarni, der – das hingegen ist belegt – Anfang des 20. Jahrhunderts seinen Alkohol in einer Höhle destillierte, und da findet sich Bárður, eine prominente Sagengestalt, ein früher Siedler mit Trollblut, wie es heißt, der den vereisten Vulkan bestiegen und ihm seinen Namen gegeben haben soll. Weiter berichtet die Sage, sein Neffe Rauðfeldur habe Bárðurs Tochter Helga beim Spielen auf einen vorbeiziehenden Eisberg gesetzt, mit dem sie bis nach Grönland gelangte. Bárður rächte sich am Neffen und stürzte ihn in eine Schlucht, um daraufhin selbst auf Nimmerwiedersehen auf dem Snæfellsjökull zu verschwinden. Fiktion und reale Geschichte überlagern und verdichten sich zu einem vielschichtigen Gesamtbild einer einsamen Halbinsel voller verrückter Geschichten.

Die Künstlerin selbst war nicht anwesend bei meinem Besuch, aber der Hausherr kehrte von einem Motorradtrip zurück und wusste einiges zu erzählen. »Þórdís ist eine großartige Designerin, die nebenbei Schlagzeug in meiner Band spielt«, erklärte Keli, der mit seinen langen Haaren, Jeans und röhrendem Motorrad viel eher dem Klischee eines Rock 'n' Rollers als dem eines Landhotelbesitzers entspricht. Ein paar Jahre zuvor hatte er den elterlichen Hof übernommen und baute ihn zum florierenden Gästehaus um.

Ingi Hans aus Grundarfjörður ist Geschichtenerzähler und Oldtimerfan.

Der Fang des Tages erreicht den Hafen von Arnarstapi im Westen der Halbinsel Snæfellsnes.

Es blieben nur noch wenige Tage bis zum Beginn der Sommersaison, und in der Küche werkelte bereits sein Nachbar Rúnar mit Tranchiermessern und Mixgeräten herum. Der ältere, etwas rundliche Herr mit grau meliertem Haar und Pferdeschwanz gehört zu den absoluten Spitzenköchen auf Island. Ich kostete einen hauseigenen Snack, ein Stück giftgrünen, knusprig getrockneten Seetang und erfuhr so nebenbei, dass Keli fast jeden Sonntag ein eigenes viertelstündiges Feature im staatlichen Radioprogramm hat. Natürlich übers Kochen. Weil er einst seiner Mutter oft über die Schulter geschaut habe, sagte er. Die Sendung hieße »Rock 'n' Roll-Rezepte«. Was mit der Band sei, wollte ich wissen. »Die Band? Wir wissen noch nicht, wann wir das nächste Mal spielen, alles ist immer sehr spontan. Þórdís ist häufiger in New York als zu Hause in Reykjavík. Der Bassist hat als Fischer im Frühjahr keine Zeit. Der Gitarrist, der ebenfalls aus der Hauptstadt stammt, kann in der Vorweihnachtszeit nicht. Und bei mir sieht es im Sommer wegen der Gäste nicht gut aus.« *Stormur í aðsigi* (Der Sturm wird kommen) nennt sich die Gruppe, die laut Keli einen Mix aus Rock 'n' Roll, Folk und Punk spielt. Falls sie spielt. Aber eines wurde mir schnell klar: Der Rock 'n' Roller von Langaholt ist sein eigener Herr – wie so viele Isländer.

Von solcher Unabhängigkeit waren die Fischer, die noch im 19. Jahrhundert zu Tausenden während der Fangsaison im April und Mai entlang der Küste von Snæfellsnes in primitiven Hütten lebten, allerdings weit entfernt. Mit ihren offenen, wenig seetauglichen Booten ruderten sie aufs Meer hinaus, gerieten häufig durch plötzliche Wetterumschwünge in Seenot. Mitunter zerschellten gleich mehrere dieser Nussschalen, und Dutzende von Männern ertranken im entfesselten Meer. Ihre ärmlichen Behausungen und ihre Ruderboote sind längst verwittert oder verschwunden, doch unterhalb des Vulkans am Kiesstrand von Djúpalónssandur, einst ein Zentrum des Fischfangs, erinnern noch vier große Steine an vergangene Zeiten – *fullsterkur* (stark), *hálfsterkur* (halbstark), *hálfdrættingur* (halb so gut) und *amlóði* (Schwächling) heißen die 23 bis 154 Kilogramm schweren Felsbrocken. Wer in einem der Fischerboote anheuern wollte, musste zuvor drei der vier Kaventsmänner wuchten können …

Doch nicht einmal der stärkste Wikinger hätte es damals geschafft, einen Grönlandhai an Land zu ziehen.

FRÜHER WURDE DER HAI AM STRAND EINGEGRABEN UND MIT TORF ZUGEDECKT, HEUTE ZERTEILT HILDIBRANDUR DIE MONSTRÖSEN FISCHLEIBER AUF SEINEM HOF, PACKT DIE EINZELNEN FLEISCHSTÜCKE IN HOLZKISTEN ... ”

Dieser Fisch, auch Eishai genannt, ist ein seltsames, bis zu acht Meter langes und zwei Tonnen schweres mysteriöses Ungetüm.

Dieser Fisch, auch Eishai genannt, ist ein seltsames, bis zu acht Meter langes und zwei Tonnen schweres mysteriöses Ungetüm. Bis heute weiß man nicht viel über sein Leben in den dunklen Tiefen des kalten Ozeans. Wahrscheinlich ist er blind, kann bis zu 200 Jahre alt werden und weit über 1000 Meter tief tauchen. Sobald sich auf Island ein Exemplar im Beifang eines Fischtrawlers verheddert, wird Hildibrandur angerufen, der sich der Sache annimmt. Der Mann mit den leuchtend blauen Augen und den von Wind und Wetter rot geäderten Wangen lebt in Bjarnarhöfn auf der Nordseite von Snæfellsnes. Der Weg dorthin führt durch eine verwunschene Vulkanlandschaft, die Berserkerlava, in der schließlich ein metallener Haifisch den Weg zu seinem Gehöft weist. Hildibrandur ist landesweit berühmt als der Hersteller von *hákarl*, Gammelhai – einer isländischen Spezialität der ganz besonderen Sorte. Sie ist aber so beliebt auf der Insel, dass auch der Präsident, der Finanzminister und andere Staatsdiener schon einmal bei Hildibrandur vorbeigeschaut haben.

Die Verarbeitung des Eishais hat Tradition in seiner Familie. Der Vater, der aus der Region Strandir in den Westfjorden stammte, brachte ihm die langwierige Prozedur einst bei: Früher wurde der Hai am Strand eingegraben und mit Torf zugedeckt, heute zerteilt Hildibrandur die monströsen Fischleiber auf seinem Hof, packt die einzelnen Fleischstücke in Holzkisten und lässt sie in angemessener Distanz zum Wohngebäude je nach Außentemperatur ein bis zwei Monate »reifen«. Erst durch den Fermentierungsprozess wird der Harnstoff, den der Hai in seinem Blut angereichert hat, abgebaut und der *hákarl* überhaupt essbar. Je nach Windrichtung steht dann wochenlang eine strenge Ammoniakwolke über dem Gelände. Danach hängt Hildibrandur den Gammelhai zwei bis drei weitere Monate in seine nach unten hin offene Trockenhütte, wo der Fisch seine typische goldbraune Rinde erhält – von Weitem erinnern die Stücke ein wenig an große, leicht verkokelte geräucherte Lachsfilets. Innen ist er jedoch glibberig weiß und sieht fast wie ein Grillkäse aus.

Natürlich hat mir der Gammelhaispezialist sein köstliches Produkt zum Testen unter die Nase gehalten. Von früheren *hákarl*-Begegnungen wusste ich, dass der Verzehr eigentlich nur mit gleichzeitigem Alkoholkonsum möglich ist. Diesmal aber gestaltete sich der Versuch erstaunlicherweise nicht als Martyrium für meine Sinne: Die Kostprobe schmeckte zwar ein wenig streng, passte jedoch irgendwie zur frischen Meeresluft, zum Fisch, zu Island. Ja, ich war fast ein wenig stolz, einen weiteren Test zur »Islandisierung« erfolgreich bestanden zu haben. Hildibrandur nickte mir jedenfalls wohlwollend zu und erklärte mir, dass Haie ein starkes Immunsystem besäßen und praktisch nie Krankheiten bekämen. Und dass der Gammelhai gut sei gegen Krebs, übersäuerten Magen, Bluthochdruck und noch vieles mehr. Nur: Will ich wirklich 200 Jahre alt werden?

HILDIBRANDUR *ist der Experte für Islands Spezialität hákarl (Gammelhai).*

16:24 / KOLLSVÍK *Steingarten: Blockfelder, Moospolster und Flechten in den Bergen der Westfjorde*

9:52 / HRAUNFOSSAR *Quellwasser: Die idyllisch gelegenen Lavafälle bei Húsafell*

15:22 / KELDUDALUR *Endstation: Fischerboot vor verlassenem Gehöft am Dýrafjörður*

20:58 / DYNJANDI *Schleierhaft: Der spektakulärste Wasserfall der Westfjorde*

ÁRNI *ist Farmer, Fischer und Mechaniker – er liebt die Einsamkeit der Westfjorde.*

2

IM LAND DER MELANCHOLIE

VOM BREIÐAFJÖRÐUR ZUM ARNARFJÖRÐUR

760 KILOMETER

STÉFAN *aus Tálknafjörður ist eines der vielen Westfjorde-Originale.*

ihre Schätze abgerungen, haben gekämpft, geliebt, gelebt, jetzt sind sie und die meisten ihrer Geschichten für immer verschwunden.

Doch die Geschichte von Gísli aus Uppsalir berührte zu Beginn der 1980er-Jahre ganz Island, weil sie so typisch war für die Melancholie dieser Region, in der sich das Leben niemals einfach gestaltete. Omar Ragnarsson, einer der bekanntesten Journalisten Islands, »entdeckte« damals im allerletzten Winkel des Arnarfjörður einen alten Einsiedler, der seit Jahrzehnten in einem winzigen Gehöft mit seinen Tieren in vollkommener Abgeschiedenheit lebte. Gísli aus Selárdalur hatte keinen Stromanschluss, kein Telefon, schon gar kein Auto. Ganze zwei Male in seinem Leben wagte er sich zu Fuß über die schroffen Berge in die »Stadt«, ins 300-Seelen-Dorf Tálknafjörður. Weil die Frau, in die er als junger Mann verliebt gewesen war, ihn zurückwies, beschloss er, für den Rest seines Lebens nie wieder sein Tal zu verlassen. Irgendwann verfasste er ein Gedicht, das vom Alleinsein in der Weihnachtszeit handelte. Jahrzehnte vergingen, und Gísli verlernte immer mehr das Sprechen, unterhielt sich nur noch mit seinen Schafen. So mussten in Omar Ragnarssons TV-Reportage Gíslis kaum verständliche Worte mit Untertiteln versehen werden. Das Gedicht des Eremiten inspirierte den Journalisten dazu, es zu vertonen – der Song wurde als traurigstes Weihnachtslied in ganz Island bekannt.

Warum ich das alles erzähle? Weil mich die einzigartige Melancholie der Westfjorde seit über 25 Jahren fasziniert, als Fotograf ebenso wie als Mensch. Wobei ich nicht so recht weiß, ob diese Stimmung nur von der oft düsteren, strengen Landschaft ausgeht, ob sie erst durch die einschneidende Entvölkerung im letzten Jahrhundert entstanden ist oder ob es sich ganz schlicht um die romantische Verklärung eines mitteleuropäischen Stadtmenschen handelt, der ein Kontrastprogramm zu seiner hektischen Alltagswelt sucht. Zu diesem Zweck ließen sich allerdings Gegenden finden, die genauso einsam sind, jedoch mit besserem Wetter daherkommen.

Nein, es muss etwas Tiefergehendes sein, denn sonst wäre ich wohl kein Wiederholungstäter, der manchmal für viele Wochen in dieser Gegenwelt umherstreift. Ich glaube eher, dass sich die Sichtweise, die Empfindung verändert, was mir allerdings erst nach einigen Reisen im Norden bewusst wurde. Bei so viel Kargheit und Mühsal

Farmer Egill aus Örlygshöfn war Autofan; er erbaute in seiner Freizeit auf seiner Farm ein Flugzeugmuseum.

Sigurjón lebte als einziger Bewohner auf der inzwischen aufgegebenen Farm Lokinhamrar.

sind die wenigen gegenteiligen Momente umso leuchtender – sie erscheinen als pures Glück, von dem man sehr lange zehrt. Ein solches Gefühl kann in einer lauten, übervollen Welt kaum entstehen und schon gar nicht andauern. Der erste erfolgreiche Fischfang nach Tagen und Wochen stürmischer See und meine heiße Nudelsuppe nach einem 25-Kilometer-Marsch mit schwerem Rucksack bei strömendem Regen über die Klippen von Látrabjarg hingegen vermögen das. Auch wenn ich dabei im Gegensatz zu den Fischern von damals nicht um meine Existenz kämpfen muss, ist das Prinzip das gleiche. Als Fotograf und Jäger des Augenblicks kann man an der Unberechenbarkeit des isländischen und speziell des Westfjordewetters verzweifeln, doch wenn die Wettergötter ein Lichtzeichen senden, dann strahlt es mit einer geradezu überirdischen Schönheit und Klarheit, die sich mir als tief empfundenes Glücksgefühl eingeprägt hat.

Vom Fähranleger in Brjánslækur windet sich eine schmale Schotterpiste nach Norden hoch auf die Dynjandisheiði. Im Winter ist die Route nach Ísafjörður wegen der starken Schneefälle manchmal vier oder gar fünf Monate lang gesperrt. Im Sommer bedeckt ein monochromer Teppich aus verwitterten Blockhalden, verblassten Altschneeflecken und Tümpeln aus Schmelzwasser die Hochfläche. Eisige Rinnsale gurgeln dort um Moospolster, irgendwo im Steinlabyrinth piepen Regenpfeifer. Ein Rudel Schneehühner stiebt hoch und zeichnet zwei, drei Schleifen in den fahlen Himmel, um sich wieder niederzulassen und mit dem Steinmeer zu verschmelzen. Die Zeit bleibt stehen. Aus der Ferne ziehen vom offenen Meer fast unmerklich hellgraue Wolkenbänder wie eine Armada von Geisterschiffen an den steilen Fjordküsten entlang – Vorboten der nächsten Regenfront.

Nach 60 menschenleeren Kilometern wirkt Þingeyri, der nächste Fischerort, fast wie ein Fremdkörper in der gewaltigen Landschaft aus Tafelbergen und tief eingeschnittenen Fjorden. Hoch über dem 200-Seelen-Dorf kleben Lawinenschutzzäune am baumlosen Steilhang. Bei meinem Eintreffen konnte ich zunächst weder an Land noch auf dem Meer jemanden sehen, einzig an der Tankstelle herrschte Leben. Ein paar Jugendliche mit einem aufgemotzten Chevrolet Camaro orderten Cola, Hot Dogs und Zigaretten. Vom Hafen näherte sich schließlich mit müden Schritten ein Mann im Overall, der mich zunächst, wie er mir später gestand, für einen Isländer hielt, weil ich genussvoll an einem mit Butter bestrichenen Trockenfisch, einem *steinbitur* (Steinbeißer) knabberte. Ein Fischer, dachte ich, der seinen Landgang am Wochenende zu ausgiebig gefeiert hatte. Doch Valdi kam gerade aus einer angemieteten Werkshalle, in der er seit Monaten mit seinem Bruder an zwei großen Projekten arbeitete. Stolz führte er mich hin, und als Erstes sah ich

16:42 / KALDBAKSVÍK *Roter Teppich: Großes Tangfeld an der einsamen Küste von Strandir*

19:32 / HORNVÍK *Aufbruchstimmung: Möwenschwarm in einem von der Ebbe freigelegten Flussdelta*

15:56 / HÆLAVÍKURBJARG *Gratwanderung: Bizarre Felsklippen auf der Halbinsel Hornstrandir*

0:42 / INGÓLFSFJÖRÐUR *Lichtpyramide: Mittsommernachtsfeuer aus Treibholz an der Küste von Strandir*

GARDAR *kehrt jeden Sommer in seine alte Heimat Strandir zurück.*

3

AM ENDE DER WELT

VON ÍSAFJÖRÐUR NACH STRANDIR

1177 KILOMETER

Am Anfang stand ein Bild im Atlas, der für mich, den kleinen Schuljungen, das Tor zur weiten Welt bedeutete. Es zeigte schroffe Tafelberge voller Schnee und einen dunklen Fjord, dazu einen Hafen auf einer Landzunge, hinter der ein paar Fischerboote Schutz vor dem offenen Meer suchten. »Ísafjörður« stand unter dem Schwarz-Weiß-Foto, welches in einer Galerie »Bilder aus aller Welt« Island repräsentieren sollte. Es brannte sich tief in mein Gedächtnis ein – Ísafjörður wurde für mich zum absoluten Inbegriff eines Außenpostens. Kein Wunder, dass mich der entlegene Flecken seit meiner ersten Islandreise immer wieder magisch angezogen hat.

Obwohl Hauptstadt der Westfjorde, ist der Ort mit 3000 Einwohnern kaum mehr als ein Dorf. Auf drei Seiten umringen ihn fast lotrechte Felsbastionen, nach Norden hin droht das offene Meer: die meist aufgewühlte Grönlandsee mit ihrem Fischreichtum, ohne den sich hier wahrscheinlich niemals ein Mensch angesiedelt hätte. Bereits vor 500 Jahren lockte er englische und deutsche Händler in die Westfjorde, bis die dänischen Herren ab 1602 durch ein Handelsmonopol für zweieinhalb Jahrhunderte den kompletten Warenverkehr mit Island bestimmten.

Erstaunlich viele historische Gebäude stehen noch im Zentrum von Ísafjörður: geduckte Häuser mit Wellblech verkleidet, mit bunten Farben bestrichen oder bereits wieder von der salzigen Seeluft zerfressen. Ein Blick durch die Fenster offenbart eine rührend anmutende Puppenhauswelt mit Häkeldeckchen, Porzellangeschirr und Plüschtieren – der absolute Gegenentwurf zur rauen Wirklichkeit draußen vor der Tür.

Während in Reykjavík an Ostern die Städter schon mal draußen vor den Szenecafés sitzen, muss man hier oben oft noch mit Schneestürmen rechnen. Die Winter sind lang, dunkel und einsam und machen den Menschen zu schaffen. Über vier Monate dringt aufgrund der steilen Tafelberge in manche Fischerdörfer wie Suðureyri oder Þingeyri kein einziger Sonnenstrahl vor, stattdessen toben tagelang heftige Stürme. Zudem sind die Zufahrtsstraßen häufig durch hohe Schneemassen oder Lawinen blockiert, sodass kaum mehr Kontakt zur Außenwelt besteht. Dann rücken die Bewohner noch enger zusammen als sonst, freuen sich gemeinsam auf den Frühling, wenn wieder mehr Abwechslung in ihr monotones Leben kommt. An Ostern etwa findet in Ísafjörður eines der verrücktesten Musikfestivals Europas statt: *Aldrei fór ég suður*, was so viel heißt wie »Ich fuhr nie nach Süden.«

AUF DREI SEITEN UMRINGEN DAS DORF LOTRECHTE FELSBASTIONEN, NACH NORDEN HIN DROHT DAS OFFENE MEER: DIE MEIST AUFGEWÜHLTE GRÖNLANDSEE MIT IHREM FISCHREICHTUM, OHNE DEN SICH HIER NIEMALS EIN MENSCH ANGESIEDELT HÄTTE. ”

Die Orkan-Tankstelle in Ísafjörður – Farbtupfer in den winterlichen Westfjorden

Der Süden ist in diesem Fall die Hauptstadt Reykjavík, sechs Autostunden entfernt.

Von dort kommen viele Musiker und Fans angereist, sofern das Wetter es zulässt. Manchmal fallen an einem Tag sämtliche Flüge wegen schlechter Witterung aus. Oder die Passstraße über die Steingrímsfjarðarheiði ist wieder einmal für eine Nacht zugeschneit und unpassierbar. Aber das macht nichts, denn wer von den etwa 30 Bands – ausgewählt aus über 200 Anmeldungen – an welchem Tag und zu welcher Uhrzeit auftritt, wird sowieso erst vor Ort entschieden.

Und das Publikum genießt das Spektakel, für das man keinen Eintritt zahlen muss und sich sein Dosenbier mitbringen darf. Die Idee zu diesem leicht anarchischen Event wurde übrigens ebenfalls unter Alkoholeinfluss geboren: Mugison, ein über die Grenzen Islands bekannter Musiker, der mit bürgerlichem Namen Örn Elias Guðmundsson heißt, und sein Vater, genannt *Papamug*, seines Zeichens Hafenmeister von Ísafjörður, besuchten vor einigen Jahren ein Musikfestival in London. Weil sie vor Mugisons Auftritt noch jede Menge Zeit hatten, heckten Vater und Sohn bei einigen Bieren den verrückten Plan aus, auch in ihrem abgelegenen Heimatort ein Festival zu organisieren. Allerdings eines der ganz außergewöhnlichen Art: Ob lokale Feierabendkombo aus einem Fischernest oder Islands angesagte Pop- und Rockstars – jeder darf nicht mehr als 20 Minuten spielen, und obwohl es keine Gagen gibt, sind die Auftritte heiß begehrt. Mittlerweile sind in der Fabrikhalle am Stadtrand selbst international renommierte Gruppen wie Sigur Rós oder Gus Gus aufgetreten, nur Björk fehlte bislang. Irgendwie verschmelzen hier die Musiker mit ihren Fans zu einer einzigen großen Familie, die alljährlich bei Fischsuppe und Dosenbier eine Riesenparty feiert. Problematisch ist bei dieser ausgesprochen modernen Variante der Winteraustreibung lediglich, dass oft Bettenmangel herrscht, denn zum Festival strömen mitunter doppelt so viele Zuschauer, wie Ísafjörður Einwohner hat. Einmal, als selbst das letzte freie Bett im Ort belegt war, durften einige Musikfans in den Gefängniszellen des Ortes übernachten …

Aldrei fór ég suður entwickelte sich zu einer der erfolgreichsten PR-Aktionen für die Westfjorde. »Ganz Island weiß, hier ist richtig was los. Wir sind stolz auf unser Festival«, findet auch Þórður, der bekannteste Postbote in den Westfjorden. Der stämmige Endvierziger fährt dreimal die Woche seine Tour ab: jeweils 500 Kilometer durch die fast menschenleere Fjordlandschaft des Ísafjarðardjúp, die sich wie die Finger einer Hand tief in die Tafelberge hineinbohren. Þórður, der mit seiner Frau Duna und den beiden Kindern im hintersten Winkel der Fjordwelt lebt, hat wie viele Isländer gleich mehrere Berufe: Außer Postbote ist er Schafzüchter, Schulbus-

Exklusiver Swimmingpool an einer heißen Quelle im Ísafjarðardjúp

fahrer, manchmal Baggerführer und bietet zudem Reittouren an. Viele Male habe ich Þórður auf seinem Hof besucht, meist im Sommer, doch irgendwann verabredeten wir, dass er mir seine abgeschiedene Heimat im Vorfrühling zeigte.

Bei meiner Ankunft am Flughafen von Ísafjörður wartete er mit seinem Jeep bereits auf mich, aber bevor wir losfahren konnten, klingelte sein Handy. Eine Frau aus Suðureyri bat ihn, ihre Tochter mitzunehmen. Anita, ein Teenager mit rot gefärbten Haarsträhnen und grünem Kapuzenpulli mit der Aufschrift *Iron Maiden*, noch leicht ermattet vom zweitägigen Festival, brauchte wegen Schulproblemen Nachhilfeunterricht. Allerdings wohnte Stella, eine pensionierte Schulleiterin aus Reykjavík, die Anitas Leistungen auf Vordermann bringen sollte, 150 Kilometer entfernt am Ende einer dieser Fjordfinger in Heydalur.

Zu dritt machten wir uns also auf den Weg: ein Postbote, ein Teenager und ein Fotograf – ein halbtägiger Roadmovie. Nach einer halben Stunde erreichten wir das einzige Dorf auf Þórðurs langer Route. Das Fischernest Súðavík mit seinen 200 Einwohnern ist seit einer verheerenden Naturkatastrophe dreigeteilt – erst kommt ein alter Ortskern, dann eine breite Schneise und nach Süden schließlich ein Neubaugebiet. Im Januar 1995 zerstörte eine Lawine fast ein Drittel aller Gebäude und tötete 14 Einwohner. Obwohl neue Häuser auf sicherem Terrain errichtet wurden, zogen damals viele Familien weg, um nicht täglich an die Katastrophe erinnert zu werden. Hinter Suðavík dann nichts als Zeitlosigkeit und Stille. Nahe einer flachen Landzunge döste eine Robbenschar in einem Tangteppich auf kleinen Felsen, ein Seeadler zog hoch über ihnen seine Kreise. Am Horizont hingen blauschwarze Wolken, aus denen sich eine Eiszunge des Gletschers Drangajökull wie flüssige Sahne ergoss.

Anita blieb zunächst stumm, sie kannte die Landschaft zur Genüge. Für sie war alles da draußen reichlich langweilig, denn sie befand sich in Gedanken noch ganz bei den Highlights des Festivals. Ihr Schweigen brach sie erst, als ich sie nach der in Island populären deutschen Heavy-Metal-Band *Rammstein* fragte. »Früher hab ich die Jungs oft gehört, aber inzwischen sind sie mir zu *soft*«, sprach das *Iron Maiden* und dämmerte wieder weg. Wie gut, dass Island dem Vorbeiziehenden immer wieder so viel Raum für die eigenen Träume schenkt!

Je einsamer die Gegend, desto verrückter die Geschichten von den wenigen Menschen, die hier ausharren. Etwa von Baldur, dem über 80 Jahre alten Priester, der sich schon mehrfach wegen Beamtenbeleidigung mit der Polizei angelegt hat und einmal fast vergaß, eine Trauung vorzunehmen, weil er unter dem Einfluss von reichlich Alkohol mit einigen Gästen bereits vor der Zeremonie in eine heftige politische Diskussion geriet. Oder vom Bauern Sigurjón, der die größte Akkordeonmusiksammlung Islands besitzt und dem eine ehemalige Chefsekretärin aus Reykjavík den Haushalt führt. Da lebt auf einer Landspitze Þórbjörn, ein fanatischer Sammler, dessen Hofwiese sich im Laufe von Jahrzehnten in einen einzigen großen Autoschrottplatz verwandelt hat. Und schließlich Stella in Heydalur, die ehemalige Rektorin aus der Hauptstadt, eine kleine, lebhafte Frau, die eine alte Scheune zu einem charmanten Restaurant ausbaute. Trotz aller Widrigkeiten, mit denen sie in dem entlegenen Ort besonders im Winter zu kämpfen hat – einmal wäre sie nur wenige Meter von ihrem Haus entfernt um Haaresbreite in einem Schneesturm umgekommen –, ist sie selbst nach all den Jahren immer wieder von der rauen Schönheit der Westfjorde fasziniert. Sie ließ mich in die Stille dieses noch winterlichen Frühlingsnachmittags horchen, über die einen Moment lang ein Windhauch mit ein paar Schneekristallen huschte, während Anita derweil in einer Ecke hockte und sich mit ihrem iPod nach wie vor in ihrer Parallelwelt befand. Zwei Wochen würde sie jetzt bei Stella bleiben. Wir hingegen verließen Heydalur und die beiden so ungleichen Frauen, tauchten wieder ein in die bläulich leere Winterlandschaft, um bald einen Fjord voller Treibeis zu erreichen.

Ein ähnlicher Anblick dürfte sich oberhalb von hier bereits im Jahre 865 dem Wikinger Flóki Vilgerðarson geboten haben. Er kam nach der Kunde von einem unbewohnten Land als einer der allerersten Siedler mit Vieh und Gesinde aus Südnorwegen auf die Insel. Als er nach seiner Ankunft einen hohen Berg bestieg, sah er einen Fjord voller Treibeis und nannte ihn Ísafjord (Eisfjord) und das ganze Land Island (Eisland). An der Südküste der Westfjorde fand er Wiesen und Bäume vor, doch sein Vieh verhungerte im ersten Winter, weil er nicht für ausreichendes Futter gesorgt hatte. Flóki segelte wieder zurück nach Norwegen, um sich Jahre später endgültig in Westisland anzusiedeln.

Auf der Steingrímsfjarðarheiði ist die Stichstrasse nach Süden meist bis Mitte Juni gesperrt.

ÞÓRÐUR *auf seinem Bauernhof Laugaland, einem der letzten in Snæfellaströnd*

HÚSAPLAST hf.

In der Dämmerung fuhren wir auf Þórðurs Heimat zu, hinein in die Gegend von Snæfellaströnd, der Schneebergküste. Von Osten zogen Sturmwolken auf. Die Hauptstraße über die Passhöhe Steingrímsfjarðarheiði war schon wieder wegen Schneeverwehungen gesperrt, doch wir blieben sowieso unten, bogen in eine schmale, mit Eisplatten durchsetzte Schotterpiste nach Norden ein. Als wir uns dem früheren Gemeindehaus von Nauteyri näherten, flossen für mich plötzlich Vergangenheit und Gegenwart zusammen.

Ein Vierteljahrhundert zuvor erreichte ich nach einer harten zweiwöchigen Trekkingtour durch Hornstrandir das letzte bewohnte, heute längst verlassene Gehöft Unaðsdalur. Kjartan, der Bauer, nahm mich zu einer Bauernversammlung mit, wir fuhren bei schwermütiger Liszt-Musik durch Sturmwolken und Salzdunst. Niemals werde ich die Atmosphäre im Gemeindehaus von Nauteyri vergessen, wo die letzten Bauern von Snæfellaströnd zusammensaßen: ein gutes Dutzend kräftiger Gestalten mit großen, rissigen Händen, die von jahrzehntelanger harter Arbeit kündeten. Die Männer beratschlagten wegen einer Schafsseuche im Nachbarbezirk. Jeder Bauer kam zu Wort, brachte seine Meinung mit ruhiger Stimme vor. Zwischen den langsam gesprochenen Sätzen legten die Redner kleine Pausen ein, die oft ein zustimmendes, gedehntes »*Já, já!*« der Übrigen füllte. Mir schien, dass sie alle über ein gänzlich anderes Zeit- und Raumgefühl verfügten, fast als ob sie von einem anderen Planeten stammten. Irgendwann nach Stunden hob der Diskussionsleiter die Runde auf. »Das war mein Vater«, verriet mir Þórður, dem ich die Episode erzählte. Inzwischen war das Gebäude mit Brettern verrammelt – seit Jahren schon trafen sich hier keine Bauern mehr, weil außer zweien alle weggezogen sind.

Tief in der Nacht dann ein einsames Licht in der Ferne: Skjaldfönn, eines der noch bewohnten Gehöfte. Fallwinde fegten vom nahen Gletscher Drangajökull hinunter. Þórður stapfte gegen den Sturm auf das von einer Schneewehe halb verdeckte Haus zu, um die letzte Post des Tages auszuliefern. Es war Anfang April, kurz nach Ostern.

Auf alten Ziehpfaden führt Þórður die Karawane durch das steinige Meyjardalur.

Þórðurs Pferdekarawane beim Überqueren des Gletschers Drangajökull

Wie konnten er und seine Familie überhaupt den seit Jahrzehnten andauernden Niedergang der Heimatregion ertragen? Überall um sie herum fanden sich allgegenwärtige Spuren von Zerfall – deutliche Beispiele für den letztlich vergeblichen Kampf gegen die Widrigkeiten der Natur. Doch Þórðurs Familie scheint irgendwie gegen Fatalismus, Resignation und trübe Stimmungen immun zu sein. Seine Mutter Ása ist eine resolute, humorvolle Frau in den Siebzigern, die Gedichte und Lieder über die Allmacht der Natur schreibt. Im Sommer pflegt sie im Windschatten ihres Hauses liebevoll einen kleinen Ziergarten und trotzt der Natur eine seltene Blütenpracht ab. Þórður selbst hält die Familientradition, die Schafzucht, hoch, und schätzt hier draußen vor allem die Freiheit, sein eigener Herr zu sein. Vielleicht existiert dieses kostbare Gut der Freiheit wirklich nur noch an den Rändern der Zivilisation und dahinter – dort, wo wir selten oder nie hinkommen …

Hinter Þórðurs Hof Laugaland, der letzten menschlichen Bastion im Norden, beginnt das Reich der Polarfüchse an, ein beliebtes Ziel für seine Reittouren. Die Wildnis von Hornstrandir ist eine kühne Fjordlandschaft mit 500 Meter senkrecht abfallenden Vogelklippen. Bis in die 1940er-Jahre waren die meisten Buchten noch bewohnt, weil aber jegliche Straßenanbindung fehlte, folgten die Menschen nach und nach den Verheißungen, die ein leichteres Leben im Süden versprachen. Innerhalb von wenigen Jahren war die abgelegene Halbinsel komplett entvölkert.

Jenseits des Drangajökull allerdings liegt an der zerklüfteten Küste von Strandir eine Gemeinde, die seit Jahrzehnten beharrlich gegen den Aderlass kämpft. Arneshreppur besitzt gerade mal 50 Einwohner. Eine magische Zahl, weil sie die Grenze zwischen kommunaler Selbstständigkeit und Anschluss an die südliche Nachbargemeinde bedeutet. Jede Geburt, jeder Wegzug wiegt hier besonders schwer, und nichts ist normal: Immerhin gibt es eine Schule für zwei Schüler, es gibt sogar ein richtiges Hotel, ein von heißen Quellen gespeistes Freibad und einen Flughafen mit regelmäßigen Flügen – das alles für gut vier Dutzend Bewohner.

Die besondere Atmosphäre dieses Winkels spürte ich bereits, als ich Ende der 1980er-Jahre das erste Mal dorthin zu trampen versuchte Es gab keine Busverbindung und Geld für einen Mietwagen hatte ich als Student auch nicht. Allerdings fuhr hinter Hólmavík kaum noch ein Mensch weiter nach Norden entlang der Küste. Nach drei Stunden näherte sich endlich das erste Auto, ein verbeulter Chevrolet hielt an. Die drei jungen Frauen waren auf dem Weg nach Arneshreppur zu der Party des Jahres (»Heute kommen alle Jungs aus der ganzen Gegend!«), wofür sie 100 Kilometer kurvenreiche und

Der alte Fischer Garðar an der Hafenmole von Gjögur

schmale Schotterpisten über Bergpässe, Felsklippen und durch dichten Nebel in Kauf nahmen. Wer konnte hier in der Einöde wohnen, fragte ich mich. Plötzlich öffnete sich der Blick auf eine breite Küstenebene mit einem Dutzend weit verstreuter Anwesen, mittendrin das Gemeindehaus von Arneshreppur in Trékyllisvík auf einer großen umzäunten Wiese, die mit hochgetunten Superjeeps und Zelten vollgestellt war. Schon aus der Ferne hörte man das Wummern dumpfer Bässe. Am Eingang stand ein hübsches blondes Mädchen namens Jónina und forderte mich zum Tanzen auf. Was spielte es da für eine Rolle, dass mein Schuhwerk aus Gummistiefeln bestand?

Als exotischer Gast erhielt ich den allseits begehrten Wodka mit Cola kostenlos, eigens aus Reykjavík wurde der Alkohol eingeflogen. Die Lokalband rockte im Saal ab, während draußen kleine Grüppchen mit Hochprozentigem durch die helle Sommernacht liefen und knutschende Pärchen in Jeeps und Zelte huschten. Kurz nach Mitternacht zogen vom Meer Nebelschwaden heran, die zwei Stunden später von einem orangefarbenen Feuerball durchbrochen wurden – was für ein Lichtszenario zum offiziellen Ende der Party! Jetzt zum Sonnenaufgang begann die Arbeit für die Polizei. Jeder, der noch nach Hause fahren wollte, wurde mit gestrengem Blick auf Führerschein und Fahrtauglichkeit geprüft. Ein paar hartgesottene Partygänger wollten allerdings noch schwimmen gehen, im zehn Kilometer entfernten, direkt am Meer gelegenen Freibad von Krossnes. Tatsächlich trieben sie einen halbwegs nüchternen Fahrer auf. Der Exot, ich also, sollte auch mit, und so planschten im Schein der Mitternachtssonne schließlich ein halbes Dutzend stark angesäuselter Badefreaks in einem heißen Pool, der »Glücklicher Leif« hieß. »That's Iceland!«, rief mir die einheimische Jugend glückstrunken zu. Es war wieder einer dieser magischen Momente, die plötzlich irgendwo auftauchen und sich in der Erinnerung tief verankern.

Als ich am nächsten Mittag aus meinem Zelt kroch, hing Waschküchennebel über der Gegend. Kein Mensch, kein Zelt, kein Auto, alles verschwunden! Sollte das Ganze nur ein Spuk gewesen sein? Für einen Augenblick war ich mir nicht sicher, ob ich mir die Ereignisse der letzten Nacht einfach nur eingebildet hatte. Immerhin kann die

Gegend auf eine besondere Tradition in Sachen Magie und Zauberkräfte zurückblicken: Im gesamten Bezirk namens Strandasýsla gab es in der Mitte des 17. Jahrhunderts, als in Island große Hungersnot herrschte, Männer mit magischen Kräften. Wie die Hexen in Mitteleuropa wurden sie verfolgt, weil man sie verdächtigte, Unglück und Krankheit über andere zu bringen. In Trékyllisvík ragt nur wenige hundert Meter vom Gemeindehaus entfernt am Meeresufer eine sargähnliche Felsspalte in die Küstenwiesen hinein, von den Einheimischen *kista* genannt. Hier wurden 1654 nachweislich drei Männer verbrannt, die man im Pakt mit dem Teufel wähnte – die Flut spülte die unglücklichen Opfer später ins Meer.

Heute weiß man solche Geschichten touristisch zu nutzen. In Hólmavík steht seit einigen Jahren ein Hexereimuseum, das anschaulich über die damaligen Ereignisse informiert. Man erfährt viel über magische Zeichen, alte Zaubersprüche und dunkle Ereignisse. Doch der Glaube an übernatürliche Kräfte und Magie endete nicht mit dem Tod der Hexen und Zauberer. Das erlebte ich ein paar Monate nach meiner Postbotentour mit Þórður, als ich wieder mal nach Strandir kam und im Geisterort Djúpavík mit seiner riesigen ehemaligen Heringsfabrik Eva und Ásbjörn traf, die sich hier einen Traum erfüllt haben. Vor fast einem Vierteljahrhundert kehrten sie Reykjavík den Rücken, um sich eine neue Existenz in diesem verborgenen Winkel aufzubauen. Im Laufe der Jahre verwandelten sie die ehemalige Unterkunft der Fabrikarbeiterinnen in ein charmantes Hotel, vielleicht das einsamste der Welt. Ich lernte Brynja und Karin, Mutter und Tochter, kennen, die für eine Saison dort kellnerten. Die sanftmütige und ruhige Art der beiden in Schwarz gekleideten Frauen passte so gar nicht zu den Dutzenden von Tattoos, die ihre Haut bedeckten, darunter auf Brnyjas Händen auch das magische, schon in der isländischen Edda erwähnte Zeichen, das ich aus dem Hexereimuseum kannte. Ein runenähnliches Kreuz mit dreigabeligen Enden, das als Schutz gegen böse Kräfte dienen und gleichzeitig Angst verbreiten soll. Brynja lächelte eher schüchtern, als sie meinen Blick bemerkte. Oder verbarg sich hinter ihrem Lächeln etwas anderes, und sie begegnet mir das nächste Mal irgendwo im dichten, lautlosen Nebel von Strandir?

Manchmal herrscht bei Nordwind wochenlang Nebel an der Küste von Strandir.

14:53 / HRÚTAFJÖRDUR *Rotkappen: Das Gehöft Prestbakki mit Landkirche an einem trüben Wintertag*

16:29 / DJÚPAVÍK *Geisterhaus: Die Überreste der großen Heringsfabrik am einsamen Reykjarfjörður*

15:25 / SVARTÁRDALUR *Wartezeit: Im Mai kommen die Lämmer zur Welt, der Sommer ist oft noch weit entfernt.*

12:48 / **HAMARSRÉTT** *Füllstoff: Herbstlicher Schafabtrieb an Islands Nordküste*

GUÐMUNDUR *ist Schafzüchter und Poet in einer Person.*

4

NORDMÄNNER

VON BRÚ NACH DRANGEY

1662 KILOMETER

Wer aus den wilden Westfjorden mit ihren oft so dramatischen Naturschauspielen und Wetterkapriolen kommt, hat sich eine kleine Atempause verdient. Die gönnt Island dem Reisenden, sobald er bei Brú im Hrútafjörður wieder die Ringstraße erreicht, denn auf den folgenden 80 Kilometern geschieht nichts Spektakuläres. Die weite, sanft geschwungene Landschaft gleitet auf eine fast amerikanische Art vorbei, es geht auf dem Asphalt einfach nur ums Vorwärtskommen. Trotzdem ist dieser Streckenabschnitt bei allen Isländern berüchtigt. Schuld daran ist jedoch in diesem Fall der Mensch, und zwar in Gestalt der Polizei von Blönduós. Als Hardliner in Sachen Geschwindigkeitsüberschreitung bekannt patrouilliert sie hier mit einer für Island exorbitanten Häufigkeit. Wenn man den kleinen Ort, der rund 1000 Einwohner zählt, durchfährt, ahnt man auch warum: Weil sonst nichts passiert, rein gar nichts. Überhaupt verströmt die Ansiedlung ein Flair von Langeweile, das lediglich die moderne Kirche durchbricht, deren Architektur allerdings wie so oft in isländischen Dörfern sehr gewöhnungsbedürftig ist und zudem gleich neben Tankstelle und Schnellrestaurant liegt. Amerika grüßt ein weiteres Mal.

Kurz hinter dem Ort zweigt die Kjölur-Route, dem Fluss Blanda aufwärts folgend, nach Süden ab. Oben auf der Hochebene breitet sich seit Ende der 1980er-Jahre ein riesiger Stausee aus, der mit seinem Wasserkraftwerk das Leben auf Island merklich verändert hat. So gehören die bis dahin regelmäßig auftretenden Stromausfälle der Vergangenheit an. Besonders schlimm war es zu Spitzenverbrauchszeiten wie etwa zu Weihnachten. Um halbwegs Herr der Lage zu werden, kündigten die Zeitungen bereits im Vorfeld an, in welchem Stadtteil von Reykjavík der Strom wie lange an den Feiertagen abgestellt werden sollte, um das Restnetz stabil zu halten. Kluge Hausfrauen bereiteten daher ihren Festtagsbraten bereits am Vorabend zu, um nicht mit leeren Händen dazustehen. Traditionell wird an Weihnachten *hangikjött*, geräuchertes Lammfleisch, gereicht. Natürlich nicht aus fernen Ländern importiert, sondern von heimischen Tieren, die sich einen ganzen Sommer lang oben in den Bergen von frischen Gräsern und Kräutern ernährt haben.

In den ersten Septembertagen, wenn die Bergspitzen oft bereits ein Zuckerguss aus Neuschnee ziert und die Nachtfröste allmählich bis in die Täler vordringen, satteln die Bauern ihre Pferde und reiten in die Berge zum traditionellen *réttir*, dem herbstlichen Schafabtrieb, der nicht

IN DEN ERSTEN SEPTEMBERTAGEN, WENN DIE BERGSPITZEN OFT BEREITS EIN ZUCKERGUSS AUS NEUSCHNEE ZIERT UND DIE NACHTFRÖSTE ALLMÄHLICH BIS IN DIE TÄLER VORDRINGEN, SATTELN DIE BAUERN IHRE PFERDE UND REITEN IN DIE BERGE. ”

Herbstlicher Schafsabtrieb im Svartárdalur: Nach drei Tagen im Gebirge nähert sich der Pulk dem Pferch.

nur neben der Geburt der Lämmer im Frühjahr ein wichtiges Datum im bäuerlichen Kalender darstellt, sondern zugleich Volksfestcharakter hat. Tagelang sind die Treiber mit ihren Pferden im unwegsamen Hochland unterwegs, um die im Sommer vermischten Herden aufzuspüren und mit viel strategischem Geschick in den zentralen Pferch zum Aussortieren zu dirigieren.

Auch in der Nähe des Stausees zieht im Herbst ein Pulk von 8000 Schafen von der Hochfläche hinunter: Wie an einer Perlenschnur aufgereiht windet sich dann eine schier endlose Schlange von Wollknäueln den Steilhang bei Stafn ins Svartárdalur. Kilometerweit hallt das tausendfache Geblöke der Schafe durch das schmale, baumlose Tal, während am Pferch bereits die Bauernfamilien mit ihren Jeeps, Trailern und kleinen Lkws warten. Doch es geht dabei nicht nur um den Verkauf der Lämmer, das *réttir* ist ein ländliches Happening für Jung und Alt: Kleine Jungen testen ihre Rodeotauglichkeit auf Schafsböcken, pubertierende Jugendliche flirten am Gatter, Mütter mit Kinderwagen tauschen sich im Windschutz der Trailer aus, während sich die Altbauern bei einem kräftigen Schluck *brennivín* oder Whisky die immer gleichen Zoten aus vergangenen Tagen erzählen. Und mittendrin steht einer, der alles im Griff hat. Im Pferch ebenso wie außerhalb, ein Mann mit breiter Hutkrempe und Lederjoppe. Guðmundur ist eine Persönlichkeit im Tal, dessen Rat geschätzt wird. Doch er ist nicht nur Bauer aus Leidenschaft, exzellenter Reiter und Pferdekenner, sondern auch Poet und Herausgeber von Gedichten. Seit einem Vierteljahrhundert hat er eine eigene Kolumne in der Regionalzeitung *Feykir*, die alle zwei Wochen in Nordisland erscheint.

Nachdem ich Guðmundur einige Male im Herbst beim *réttir* getroffen und fotografiert hatte, tauchte ich eines Tages im Mai zu einem spontanen Besuch auf seinem Hof Eiríksstaðir auf. Wortkarg, wenngleich nicht unfreundlich, begrüßte er mich, deutete entschuldigend auf die frisch geborenen Lämmer, die ihn Tag und Nacht ziemlich auf Trab hielten. Als er jedoch erfuhr, dass ich außer Fotos vom letztjährigen *réttir* eine Dose mit der isländischen Haifischspezialität von Hildibrandur auf Snæfellsnes als Gastgeschenk dabeihatte, weiteten sich seine Augen. »*Hákarl!*« rief er voller Freude und bat mich herein. Nicht jedoch in die gute Stube, da sei es viel zu

BERGLIND *hilft ihren Eltern, die eigenen Schafe im Pferch zu finden.*

GLITNIR

8:26 / MÝVATN *Lichtschicht: Für wenige Sekunden beleuchtet die Herbstsonne den Mückensee*

0:54 / **NÁMASKARÐ** *Rauchzeichen: Das Geothermalgebiet liegt zwischen Mývatn und dem Vulkan Krafla.*

1:16 / DETTIFOSS *Schaumschläger: Die Jökulsá á Fjöllum speist den energiereichsten Wasserfall Europas.*

15:10 / KVERKFJÖLL *Lichtschacht: Eishöhle mit heißen Quellen an den Kverkfjöll*

ELÍSABET & VILLI *vor ihrem Torfhauscafé in Möðrudalur*

5

ZURÜCK IN DIE URZEIT

VON AKUREYRI ZUR ASKJA

2162 KILOMETER

Ein Hauch von Lago Maggiore, von südlicher Sonne und Wärme umgibt den Eyjafjörður, zumindest für Isländer. Vereinzelt stehen sogar ein paar Villen am Ufer, unten kann man Golf spielen, in den Bergen Ski laufen. Obwohl Akureyri, die Hauptstadt des Nordens, kaum mit Locarno konkurrieren und statt Palmen und üppiger Blütenpracht nur Birkenwäldchen und einen Botanischen Garten aufweisen kann, so punktet es gegenüber dem Tessin mit einem verwunderlichen Vorteil: Verglichen mit der italienischen Schweiz fällt hier am Rande des Polarkreises nämlich nur ein Viertel der Regenmenge. Das liegt an den hohen, teils vergletscherten Bergen, die den Eyjafjörður wie einen mächtigen Schutzschild umgeben und für ein vergleichsweise mildes Klima sorgen. Trotzdem: Akureyri ist weder Fisch noch Fleisch, gegenüber dem urbanen Reykjavík bloß eine langweilige Hafenkleinstadt, in der man schon wieder draußen ist, bevor man die »Stadtmitte« mit Fußgängerzone und Geschäften überhaupt wahrnimmt. Selbst die Erde gibt sich unspektakulär, weil der Ort abseits der vulkanischen Grabenzonen liegt, die quer über die Insel verlaufen.

Nach einer Autostunde auf der Ringstraße weiter gen Osten geht es dann allerdings wieder umso mehr zur Sache, denn der hufeisenförmige Goðafoss, der Götterfall, erscheint mir wie das Eingangstor ins Reich der Urgewalten. Im Jahre 1000 – die Isländer waren soeben christianisiert worden – soll hier der Gode Þorgeir, eine Art Häuptling, die letzten heidnischen Götterbilder in den Wasserfall geworfen haben. Hier beginnt das im Nordosten Islands vorherrschende Wechselspiel aus Wasser und Lavaströmen. Begonnen hat es vor etwa 3800 Jahren, als bei einem der unzähligen Vulkanausbrüche Lava den Abfluss des Flusses Laxá verstopfte und sich auf diese Weise der Mývatn-See bildete. Das Feuerwerk ging weiter: Ziemlich genau ein Jahrtausend später kam es durch das Zusammentreffen von Grundwasser und glutheißer Lava zu einer gewaltigen Dampfexplosion, durch die Pseudokrater im See entstanden sowie unweit davon der einen Kilometer breite Hverfell-Krater. Ganz allmählich bildete sich rund um den flachen, buchtenreichen Mývatn eine Oase inmitten der vulkanischen Einöde. Sträucher und sogar kleine Birken fingen an zu wachsen, und so siedelten bereits früh Menschen in dieser ständig von Eruptionen und Erdbeben bedrohten, aber klimatisch begünstigten Region. Im 18. Jahrhundert verwüsteten jedoch die fünf Jahre andauernden sogenannten Mývatn-Feuer die Gegend – die auf einem Hügel

SEIT VIELEN GENERATIONEN LEBEN DIE SCHAFZÜCHTER RUND UM DEN MÝVATN AUF IHRER SCHOLLE AM RAND DER LAVAWÜSTE – EINE PARADIESISCHE OASE DANK DES VULKANISMUS. ”

Kurz vor Mitternacht am Solfatarenfeld von Námaskarð

gelegene Kirche, in der die Menschen Schutz gesucht hatten, blieb wundersamerweise jedoch verschont. Ein Zeichen Gottes? Nach der letzten großen Serie von Ausbrüchen im Vulkansystem der Krafla 1975 bis 1984 begannen die Isländer, an dieser Nahtstelle zwischen Europa und Amerika das enorme Energiepotenzial für zwei Geothermalkraftwerke zu nutzen. Weitere Tiefenbohrungen in der Region nahe einer Magmakammer werden diskutiert, doch das Projekt ist wegen seiner beträchtlichen Auswirkungen auf die Umwelt höchst umstritten.

Schon einmal wehrten sich die Bauern der Mývatn-Region gegen die Zerstörung ihrer Heimat: 1971 wollte der staatliche Energiekonzern Landsvirkjun am Abfluss des Sees einen Staudamm errichten. Trotz aller Proteste baute das Unternehmen weiter, bis schließlich die Landwirte den noch unfertigen Damm kurz entschlossen mit Dynamit sprengten. Die Untersuchungen der örtlichen Polizei kamen nur äußerst schleppend voran, zumal sich schließlich ein Mann der Tat bezichtigte, der als Täter nicht infrage kommen konnte. Alle wussten es. Der Konflikt wurde am Ende dadurch beigelegt, dass die lokalen Bauern gemeinsam eine symbolische Geldstrafe zahlten und im Gegenzug die Bauarbeiten am Damm eingestellt wurden.

Seit vielen Generationen leben die Schafzüchter rund um den Mývatn auf ihrer Scholle am Rande der Lavawüste – eine paradiesische Oase dank des Vulkanismus. Doch jedes Paradies besitzt auch seine Schattenseiten. Hier sind es, wie der Name Mývatn (=Mückensee) schon andeutet, Schwärme von Rauchmücken, die zweimal im Jahr für jeweils zwei Wochen den Anwohnern das Leben schwer machen. Sie tragen zwar zum Fischreichtum des Sees und zur mannigfaltigen Entenpopulation bei, doch es gibt in der Region um den Mývatn historisch belegte Fälle, dass Pferde sogar an Mückenschwärmen erstickt sind. Wie auch immer, mir persönlich ist die Gegend um den Mývatn im Sommer meist zu voll und zu laut. Isländer lieben es nämlich, mit ihren Campmobilen in die Birkenwäldchen auszuschwärmen und kleine Wagenburgen zu bilden, um dann dort einer ihrer ultimativen Lieblingsbeschäftigungen nachzugehen: dem Grillen. Was man eigentlich genauso gut zu Hause zelebrieren könnte und nicht dort, wo man den Puls der Erde zu spüren vermag. Also weiter nach Osten in die Hochlandwüste. Ein paar hundert Meter vom Asphaltband der Ringstraße entfernt verlaufen die Orientierungsmarken des alten Postwegs ins Nichts hinein – die mannshohen Kegel aus aufgeschichteten schwarzen Lavabrocken wirken wie verlorene Zeichen einer prähistorischen oder außerirdischen Kultur. Ganz in der Ferne weitere Vulkankrater, ansonsten Leere unter einem scheinbar unendlichen Himmel. Endlich wieder vollkommene Stille, bis plötzlich ein eigenartig helles Gurgeln den weiten Raum erfüllt. Unvermittelt durchschneidet ein Gletscherfluss, die Jökulsá á Fjöllum, die Einöde aus Lavafeldern und schwarzem Sand. In den letzten 10 000 Jahren fräste sich ein monumentaler Basaltcanyon in seinen Unterlauf, entstanden durch Eruptionen aus Spalten direkt unter dem Fluss sowie durch mehrere gewaltige Gletscherläufe, Überschwemmungen nach Vulkanausbrüchen unter dem Eis des Vatnajökull. Über mehrere Katarakte stürzen sich die schlammtrüben Gletscherwasserfluten in die Schlucht, acht Millionen Tonnen Sedimentschutt ergießen sich jährlich in Mündung und Meer.

Wer hier am Dettifoss, Europas kraftvollstem Wasserfall, im Juni morgens um zwei Uhr an der Abbruchkante steht und sieht, wie das Mittsommernachtslicht aus Norden die tosende Wasserwand zartrosa erleuchtet, wie gigantische Gischtfahnen aus dem Sturzkessel geisterhaft aufsteigen, an Basaltsäulenwänden entlangzüngeln und sich erst weit stromabwärts hoch über der Schlucht auflösen, der erlebt magische Momente, die fast nicht mehr von dieser Welt zu sein scheinen. Außer man denkt sich diese wilde, unberührte Schlucht als perfekte Kulisse für einen Science-Fiction-Streifen oder einen Urzeitfilm. Das hat bereits der amerikanische Starregisseur Ridley Scott erkannt, der einige Szenen für seinen neuesten Film *Prometheus* in den Schluchten der Jökulsá drehte.

Jenseits des Gletscherflusses schlängelt sich die Ringstraße durch düstere, vegetationslose Hügelketten. Plötzlich öffnet sich die Landschaft. Inmitten einer Hochlandoase aus flachen Wiesen und Tümpeln liegt da wie ein verlorener Vorposten der Zivilisation das Gehöft

Der Canyon der Jökulsá á Fjöllum unterhalb des Hafragilsfoss

Die Kirche von Möðrudalur, dem höchstgelegenen Bauernhof Islands

Möðrudalur: ein Bauernhof, eine kleine Kirche und ein paar Gebäude mit Torfhausdächern. 50 Kilometer sind es bis zum nächsten bewohnten Anwesen. Wer hier lebt, weiß warum. »Meine Familie bewirtschaftet seit sechs Generationen den Hof«, erklärte mir Villi, als ich ihn vor mehr als zehn Jahren das erste Mal traf. »Ich möchte hier bleiben, weil ich in Reykjavík nie diese Freiheit haben könnte.« Doch weil niemand mehr nur von der Schafzucht leben kann, kam ihm eines Tages die Idee, traditionelle isländische Behausungen als Touristenattraktionen zu errichten, und so schuf er im Laufe der Jahre ein ganzes Ensemble aus Torfhäusern. Außen klassisch, innen jedoch ganz modern: ein gemütliches Café, Übernachtungshütten und, als absolute Besonderheit, eine Tankstelle im Torfhausstil. Statt der auf Island sonst üblichen Burger, Pommes und Pizza gibt es im *Fjalladýrð*-Café vor allem landestypische Kost wie *kjötsupa* (Lammfleischsuppe), *slátur* (Schlachtplatte) und getrocknetes Rentierfleisch. »Das Lammfleisch räuchern wir hier nach der Schlachtsaison im Herbst im eigenen Räucherhaus nach alter Tradition mit Zwergbirkenreisig und Schafdung. Jetzt sind wir dabei, unser eigenes Produktlabel zu entwerfen«, erzählte Villi nicht ohne Stolz.

Doch bis dahin war es ein langer Weg: Das alte Café, das es schon vorher gab, gehörte nicht der Familie und wurde schließlich per Sattelschlepper zur Eigentümerin ins Tal der Jökla transportiert, wo sie es wiedereröffnete. Der zunächst offene Benzintank nahe der Kirche entsetzte den zuständigen, 80 Kilometer entfernt lebenden Gemeindepfarrer so sehr, dass Villi den Tank nachträglich in ein weiteres Torfhaus einbaute. Daraufhin zeigte sich der Kirchenmann so zufrieden, dass er dieses Traditionsbewusstsein nicht nur lobte, sondern die Torfhaustankstelle beim nächsten Gottesdienst gleich segnete.

Die Kirche steht übrigens in einer engen Beziehung zu Villis Familie. Sein Urgroßvater errichtete sie einst zur Erinnerung an seine verstorbene Frau. Höchstpersönlich schuf er das Altarbild im Stil der naiven Malerei, verlegte jedoch die dargestellte Bergpredigt ins isländische Hochland. Das Malen liegt offenbar in der Familie: Villis Großonkel Stéfan fing zwar erst spät damit an, wurde aber in ganz Island als »Stéfan von

Möðrudalur« bekannt. Er verkaufte seine Gemälde auf der ganzen Insel, oft auch auf Reykjavíks Hauptstraße Austurstræti. Wenn er sie anpries, sang er dazu und spielte auf seinem Akkordeon. Ein ständig wiederkehrendes Motiv seiner Kunst war die Herðubreið, die Königin der Berge. »Er hat insbesondere den Leuten Bilder verkauft, denen er noch etwas schuldete«, verriet mir Villi. »Der Preis berechnete sich folgendermaßen: 1000 Kronen pro Schaf auf dem Bild. Einmal nannte er einem Interessenten einen Preis von 14 000 Kronen, obwohl nur sieben Schafe zu sehen waren. Als der Kunde ihn auf den überhöhten Preis ansprach, entgegnete ihm mein Großonkel: Die anderen Schafe kann man gerade nicht sehen, die stehen hinter der Herðubreið.«

Das kleine Gotteshaus dient bis heute bei schlechtem Wetter als Orientierungsmarke, denn in seinem Turm brennt rund um die Uhr ein Licht, das schon viele Menschen gerettet hat. Im Winter fegen oft Blizzards mit bis zu 160 Stundenkilometern über die Hochebene und beeinträchtigen die Sicht dermaßen, dass Villi und seine Familie manchmal tagelang das nur 25 Meter entfernte Turmlicht nicht erkennen können. Die Natur im hohen Norden ist eben nicht nur nett, auch wenn viele Dinge das Leben heute erheblich erleichtern. »Mein Bruder Jón und ich konnten im Winter die 50 Kilometer Schulweg ins Tal nach Skjöldólfsstaðir mit dem Schneescooter fahren«, berichtete Villi. »Doch mein Vater ist in den 1940er-Jahren noch zu Fuß in Begleitung eines Nachbarjungen zwei Tage über die Hochtäler zur Schule gelaufen, oft gerieten sie in dichten Nebel, dann gab es nur die Steinkegel des alten Postwegs als Orientierungshilfen. Je nach Wetterlage blieb er dann drei bis vier Wochen in der Schule.«

Bei Villis Erzählungen kommt mir Halldór Laxness' Roman *Sein eigener Herr* in den Sinn. Die Geschichte spielt ganz in der Nähe von Möðrudalur zu Anfang des 20. Jahrhunderts und handelt von Bjartur, einem armen Kleinbauern, der nach jahrelanger Knechtschaft in einem einsamen Tal eine bescheidene Torfkate für sich und seine Familie baut. Der Kampf ums Überleben, das Ringen mit der kargen Natur, die gefährlichen Launen des Wetters sind sein tägliches Brot, doch er gibt nicht auf. Seine Schafherde ist für ihn der Inbegriff von Freiheit, für die er sich in seiner Verbohrtheit kaputtmacht und letztlich seine ganze Familie opfert. Laxness hat für seinen Roman jahrelang seine Heimatinsel bereist und

MEIN VATER IST IN DEN 1940ER-JAHREN NOCH ZU FUSS IN BEGLEITUNG EINES NACHBARJUNGEN ZWEI TAGE ÜBER DIE HOCHTÄLER ZUR SCHULE GELAUFEN, OFT GERIETEN SIE IN DICHTEN NEBEL … ”

VERNHARÐUR
ist der Altbauer auf Möðrudalur.

Am Rande der Missetäterwüste erhebt sich die Herðubreið mit ihrer markanten Gletscherhaube.

Schicksale recherchiert. Die Geschichten vom ständigen Überlebenskampf gegen die Unbilden der Natur und gegen bittere Armut und Not gehören keineswegs lang vergangenen Jahrhunderten an, sondern ereigneten sich in einer Zeit, die Villis Vater Vernharður noch persönlich als Kind miterlebte.

Hier in isländisch Sibirien mit seinen winterlichen Rekordtemperaturen von minus 32 Grad Celsius sind die tödlichen Gefahren nach wie vor kein Schnee von gestern: Im April 2008 fand 40 Kilometer nördlich von Möðrudalur eine große Party im damals noch bewohnten Nachbargehöft Grímsstaðir statt. Irgendwann am frühen Morgen waren alle betrunken. Keiner bemerkte, dass einer von ihnen sturzbesoffen im T-Shirt das Haus verließ, um durch Schnee und Eis zu Fuß über 50 Kilometer nach Egilsstaðir zu laufen. Seine Spuren verloren sich in Schnee und Nebel, die zweitägige Suchaktion der Rettungsmannschaft blieb in dem unübersichtlichen gebirgigen Gelände erfolglos. Nach einer Woche fand ein Suchtrupp, dem auch Villi angehörte, den nackten Leichnam weit entfernt im unwegsamen Hochland. In seinen letzten Stunden hatte sich der Unglückliche die wenigen Kleidungsstücke, die er überhaupt trug, vom Leib gezogen, weil ihm die Kälte, die die Nerven betäubt, offenbar Hitzewallungen suggerierte.

Auch wenn man es kaum glauben mag: Partys finden also selbst in dieser gottverlassenen Gegend statt. So hat Villi einst seine Frau kennengelernt – 100 Kilometer südlich von Möðrudalur, in der Kverkfjöll-Hütte, die inmitten von Lava und Sand unterhalb der Gletscherkappe des Vatnajökull steht. Seit vielen Jahren trifft er sich dort im Spätwinter mit Freunden und Bekannten, um das alte heidnische Wikingerfest *Þorrablót*, eine Art Winteraustreibung, gebührend zu feiern: Da bewundert man zunächst die hochgerüsteten Superjeeps, später am Abend wird ausgiebig getrunken und gesungen und man betrachtet die flackernden Polarlichter – manchmal verlieben sich dabei zwei ineinander wie seinerzeit der smarte Jungbauer Villi und die schöne Hüttenwirtin Elísabet. Eigentlich ist es eine Geschichte wie im Heimatfilm. Er schenkt ihr ein Schaf, sie nennt es Alpenrose und nimmt es im Sommer mit in die Einöde zur Kverkfjöll-Hütte.

Doch allen Klischees zum Trotz ist Elísabet nicht der Typ, der schmachtend auf einen Märchenprinz gewartet hätte, sondern gehört zu den vielen selbstbewussten Powerfrauen auf Island. Als ich sie viele Jahre nach meiner ersten Begegnung mit Villi im Torfhauscafé traf, kochte sie für die Familie gerade Robbenfleisch nach Art der Inuit, wie sie es von den Ureinwohnern im hohen Norden gelernt hatte. Sie erzählte mir von ihrer Zeit auf Grönland, wo sie drei Polarsommer lang beim Zusammentreiben und Schlachten der Rentiere half, und von ihrem Vater, einem Hochseekapitän, bei dem sie in einem Fischerort auf Snæfellsnes aufwuchs. Gerade 16-jährig ist sie abgehauen nach Reykjavík, begleitete aber später ihren Vater auf einem Containerschiff nach China. Dann verbrachte sie drei Sommer als Wirtin auf der Hütte im einsamen Hochland und nutzte die Winter für eine Skilehrerausbildung in Österreich. Ein Freigeist all die Jahre hindurch.

Inzwischen hat sich vieles bei ihr verändert, denn sie ist sesshaft geworden, bildet mit Villi und der kleinen Tochter eine typisch isländische Familie, in der jeder verschiedenen Beschäftigungen nachgeht. Im Sommer fährt Elísabet als Guide Touristen mit dem Superjeep durch die Lavawüste, managt das Torfhauscafé, im Winter bringt sie Kindern in Egilsstaðir das Skifahren bei, und das ganze Jahr hindurch ist sie Mama. Villi hingegen arbeitet weiter an seinem touristischen Torfhausensemble, besitzt eine Baufirma in den Ostfjorden, züchtet natürlich weiterhin Schafe, jagt Rentiere und Schneehühner. »Jetzt sind wir schon fünf Jahre zusammen, aber haben immer noch keine Flitterwochen gemacht«, verriet sie mir ganz ohne Wehmut mit einem Lächeln auf den Lippen: »Und weil das in absehbarer Zeit sicher nicht klappt, habe ich mir einen anderen Traum erfüllt.« Kurzerhand kaufte sie sich ein Leichtmetallflugzeug und erwarb den Pilotenschein.

Wenn die Touristensaison im Herbst vorbei ist, kehrt in Möðrudalur langsam Ruhe ein. Eine schöne Zeit, denn noch ist es draußen lange hell, noch hat der Winter nicht alles in seinem eisigen Griff. An einem wolkenlosen Tag, die Herðubreið erstrahlte aus der Ferne mit einer frischen Schneehaube, bot Elísabet mir an, sie auf einer Jeeptour zur Kverkfjöll-Hütte zu begleiten. Dorthin, wo sie durch ihre Zeit als Hüttenwart praktisch jeden Stein kennt und wo sie sich in Villi verliebte. Stundenlang fuhren wir über Schotterebenen, durch Blocklava und Bimssteinhalden immer tiefer in die Urlandschaft hinein. Irgendwann beschlich mich das Gefühl, dass unsere flüchtige Anwesenheit in dieser

Neuschnee an einem Septembertag unweit von Möðrudalur

ELÍSABET *in ihrem Superjeep unterwegs zu den Kverkfjöll*

zeitlosen Landschaft fast einem Frevel gleichkam. Umso unglaublicher mutete es an, dass sich hier im Nichts am Rande der sogenannten Missetäterwüste Ende des 18. Jahrhunderts Fjalla-Eyvindur, der berühmteste isländische Geächtete, viele Jahre lang vor seinen Häschern versteckt halten konnte. Die harten Winter überlebte er in den beiden kleinen Flussoasen Herðubreiðalindir und Hvannalindir in einer Höhle, ernährte sich von Engelwurz und gestohlenem Vieh. Er war eine Art nordischer Robin Hood, dem die einfachen Leute oft Sympathie und Bewunderung entgegenbrachten.

Wir sind keine Gesetzlosen, wir müssen nicht in der Wildnis überleben, aber wir flüchten mitunter dorthin, um endlich einmal wieder uns und die Erde zu fühlen. Elísabet beispielsweise ist überzeugt, dass sie inzwischen, bedingt durch ihre vielen Touren durch die Wildnis, sogar die Kraft der Steine und des Wassers spüren kann. Allerdings weiß sie als erfahrene Outdoor-Frau genau, dass die Natur kein Gewissen kennt. Obwohl sie über 50-mal mit Freunden oder einer Touristengruppe in die Eishöhle am Fuße der Kverkfjöll kletterte, ohne dass etwas passierte, sind ihr die Gefahren durch möglicherweise herabstürzende Eisblöcke sehr wohl bewusst. Die heißen Quellen in der spektakulären, sich ständig verändernden Höhle sind jedoch einfach zu verführerisch – das wäre allerdings für mich einmal beinahe schiefgegangen: Als ich 2008 dorthin gelangte und mich nach einer langen Fotosession gerade in einem der badewarmen Naturpools genüsslich räkelte, schlugen plötzlich kindskopfgroße Eisplatten nur wenige Meter neben mir auf.

Bei meiner Jeeptour mit Elísabet besuchten wir die Eishöhle nur ganz kurz, da trotz der kalten Witterung die Einsturzgefahr durch im Sommer abgeschmolzene Gletscherpartien sehr groß war. Im Folgejahr verunglückte ein Guide vor den Augen seiner Touristengruppe tödlich, als er am Höhleneingang von einer überhängenden Eisplatte erschlagen wurde. Katastrophe und Glück so dicht beieinander – wir genossen nahe der Kverkfjöll-Hütte zwischen Lavafeldern und Gletschern die letzten wärmenden Sonnenstrahlen. In der Ferne kreisten

Die Oase Hvannalindir mit Blick auf die Kverkfjöll

Vulkanische Einöde zwischen Kverkfjöll und Herðubreið

gewaltige Staubstürme in der Sanderebene unterhalb des Vulkans Askja. Plötzlich fragte mich Elísabet, ob ich wisse, was dort vor über 100 Jahren geschehen sei, und erzählte mir von einer kleinen deutschen Expedition in die bis dato fast völlig unbekannte Region: Der Geologe Walther von Knebel und der Maler Max Rudloff, die im Sommer 1907 das Vulkanmassiv der Askja näher erkunden wollten, ließen ein Boot ins Wasser des riesigen Kratersees und verschwanden spurlos. Ein Jahr nach dem Unglück organisierte Knebels Verlobte, die Berlinerin Ina von Grumbkow, eine Suchexpedition, an der sie – sehr ungewöhnlich für die damalige Zeit – selbst teilnahm. Spuren oder Hinweise auf den Verbleib der beiden Vermissten fanden sich nicht. Zurück in Deutschland schrieb sie ein Buch über ihre abenteuerliche Reise und nannte es *Isafold*, die Eisumschlungene. Später heiratete sie ihren Expeditionsbegleiter, den Geologen Hans Reck, zog mit ihm nach Ostafrika und verfasste weitere Bücher.

Isafold ist fast immer dabei, wenn Elísabet unterwegs ist. So holte sie auch damals das sorgsam verpackte, kostbare antiquarische Exemplar hervor und gab es mir. Ich las von den ungeheuren Strapazen der Reise zu Pferd und zu Fuß, aber ebenfalls von einer ganz besonderen Leidenschaft der Autorin für die minimalistische Landschaft des isländischen Hochlands. Sensibel hat sie ihre Eindrücke auf sehr poetische Art beschrieben: »Rechts und links umstarren uns mauergleich bunte, glasierte Schlacken, eine wilde, wüste Umgebung, die von dem himmelstrebenden Herðubreið begrenzt wird ...« Auf einmal spürte ich, warum dieser deutsche Klassiker der isländischen Reiseliteratur Elísabet so sehr ans Herz gewachsen ist: Obwohl diese beiden starken Frauen ein ganzes Jahrhundert trennt, ist die Seelenverwandtschaft zwischen der Abenteuerin aus pommerschem Adelsgeschlecht und der Kapitänstochter aus Grundarfjörður unverkennbar. Und was ist schon ein Jahrhundert in dieser zeitlosen Landschaft? Ina von Grumbkow spürte es bereits damals: »Mit einem Ewigkeitshauch streifen uns Vergangenheit, Gegenwart und Zukunft, die ohne Grenzen ineinander fluten.«

11:28 / HVANNALINDIR *Farbklecks: In der Schotterwüste nördlich des Vatnajökull*

8·12 / FJALLSJÖKULL *Schichtwechsel: Frische Asche vom Grímsvötn-Vulkan bedeckt die Gletscherzunge*

10:11 / FJALLSJÖKULL *Eishai: Flossenförmiger Eisberg in der Gletscherlagune*

18:53 / FJALLSJÖKULL *Grünstreifen: Zarte Moosvegetation an der Eislagune*

11:09 / SÍÐUJÖKULL *Aschenbahn: Die Ausbrüche des Grímsvötn-Vulkans hinterlassen kunstvolle Spuren im Gletscher.*

15:21 / JÖKULSÁRLÓN *Skulpturenpark: Haushohe Eisberge in der windstillen Gletscherlagune*

FILIPPUS *vor der Torfkirche in Núpsstaður*

6

IM WILDEN OSTEN

VON EGILSSTAÐIR ZUM SKEIÐARÁRSANDUR

2821 KILOMETER

Es war bereits Ende September, als ein Fönwind aus Südosten dem Hochland im Jahre 2003 noch einmal einen fast unfassbar warmen Herbsttag bescherte. Bereits am Vormittag zeigte das Thermometer 21 Grad Celsius an. Nach den Schneeschauern beim Eintreiben der Schafe zu Anfang des Monats schien dieser Sonnentag wie ein Geschenk des Himmels. Villi aus Möðrudalur bot mir an, ihn auf einer Jeeptour zur Kárahnjúkar-Schlucht zu begleiten. Dieser tiefste Canyon der Insel versteckt sich in einer schwer zugänglichen Region am Nordrand des Vatnajökull-Eispanzers und war lange Zeit nur ganz wenigen Isländern bekannt. Erst als sich dort, wo zuvor nur Rentierherden weideten und Kurzschnabelgänse brüteten, umwälzende Veränderungen ankündigten, geriet er ins allgemeine Bewusstsein. Der staatliche Energieversorger Landsvirkjun hatte nämlich mit dem Bau einer 200 Meter hohen Staumauer oberhalb der Felsschlucht begonnen. Aus der Ferne erschien das emsige Treiben der leuchtend gelben Muldenkipper auf der schier unendlichen, fast vegetationslosen Hochfläche wie das Werk einer neuen Ameisenspezies.

Hier sollte ein 60 Quadratkilometer großer Stausee samt Kraftwerk entstehen, um billigen Strom für eine vom amerikanischen Konzern Alcoa geplante Aluminiumhütte in den Ostfjorden zu liefern. Die Regierung verwies bei diesem größten Bauvorhaben der isländischen Geschichte immer wieder auf die Schaffung von Arbeitsplätzen in der strukturschwachen, fern von Reykjavík gelegenen Region sowie auf mehr Unabhängigkeit vom dominanten Wirtschaftsfaktor Fischfang. Doch je mehr Hochspannungsleitungen die Wildnis verdrahteten, je näher die Termine für die Flutung des Stausees rückten, desto lautstarker erhoben sich Proteste gegen das Mammutprojekt. Kárahnjúkar spaltete die Bevölkerung, und der Riss ging selbst durch Familien. Wie bei Villi in Möðrudalur, dessen jüngerer Bruder Jón bereits seit einiger Zeit auf der Baustelle arbeitete und gutes Geld verdiente. Kein Wunder, dass er sich auf die Seite der Befürworter schlug, deren Naturverständnis sehr amerikanisch von Zähmung und Nutzbarmachung geprägt war. Sie warfen den Gegnern vor, sich in einer naiv-romantischen Idee zu verlieren und sich mehr um ein paar Rentiere und Wasserfälle zu sorgen als um die Perspektiven und den Wohlstand der Menschen in den Ostfjorden. Villis Frau Elísabet engagierte sich hingegen stark für die Position der Umweltschützer: »Unsere einzigartige isländische Natur ist unser größtes Potenzial, das wir mit

AUS DER FERNE ERSCHIEN DAS EMSIGE TREIBEN DER LEUCHTEND GELBEN MULDENKIPPER AUF DER SCHIER UNENDLICHEN, FAST VEGETATIONSLOSEN HOCHFLÄCHE WIE DAS WERK EINER NEUEN AMEISENSPEZIES. ”

Der Canyon Kárahnjúkar nördlich des Vatnajökull ist die tiefste Schlucht Islands.

sanftem Tourismus auch wirtschaftlich nachhaltig nützen können. Mehr jedenfalls als ein ehrgeiziges Projekt, dessen Nutzen fraglich ist und das als industrieller Dinosaurier die Natur auf lange Zeit verschandelt.«

Trotz der größten Protestdemonstration in der Geschichte Islands hielten die Verantwortlichen an ihrem gigantischen Vorhaben fest, und 2007 fand schließlich die Einweihung statt. Doch nicht nur das Staudammprojekt selbst war höchst umstritten, sondern auch so manche Begleiterscheinung. So stellte die beauftragte italienische Baufirma entgegen ursprünglicher Pläne nicht mehrheitlich Einheimische, sondern billige Arbeitskräfte aus Italien, Portugal und China ein. Die ausländischen Arbeiter hatten keine Ahnung, in welcher Kälte sie monatelang schuften sollten – Einheimische mussten sie im Winter sogar mit warmer Kleidung versorgen. Ferner wurde durch eine zufällige Indiskretion bekannt, dass der staatliche Energieversorger und Dammbetreiber dem amerikanischen Aluminiumkonzern lediglich einen Strompreis von 15 Dollar pro Megawattstunde berechnete, was weit unterhalb des Preises liegt, den isländische Bürger oder Firmen zahlen.

Wurden die einheimischen Arbeitskräfte schon beim Bau des Staudamms nicht in der ursprünglich zugesagten Anzahl beteiligt, so setzte sich das in der Aluminiumhütte an der Ostküste im Reyðarfjörður fort. Zwar fanden 400 Leute dort Arbeit, weitere 1500 erhielten Jobs um das Werk herum, doch auch sie waren zu einem großen Teil Ausländer. Als dann im Herbst 2008 die isländische Finanzkrise ausbrach und die Währung ins Taumeln geriet, verließen viele das Land. Für eine eher kuriose Begleiterscheinung der Krise sorgten drei Slowenen, die nicht in ihre Heimat zurückkehrten, sondern ein Mönchskloster gründeten, das erste auf Island seit der Reformation im Jahre 1550.

Natürlich gab es auch Gewinner. Vor allem die zentrale Gemeinde Egilsstaðir profitierte von den gewaltigen Bauprojekten. Ursprünglich kaum mehr als eine Straßenkreuzung im bäuerlich geprägten breiten Lagarfljót-Tal mauserte sich das verschlafene Dorf zu einer Kleinstadt mit Flughafen, auf dem regelmäßig auch Maschinen aus Deutschland landen. Allerdings sucht man ein Stadtzentrum in der Boomstadt Egilsstaðir vergeblich. Vermutlich liegt es irgendwo auf dem Parkplatz zwischen der N1-Tankstelle und dem Hagkaup-Supermarkt. Dort traf ich im Frühsommer 2012 auf Guðjón, der bei Alcoa als Kranführer arbeitet. Ihm macht sein gut bezahlter Job Spaß, weshalb er das ganze Gezänk nicht versteht, denn für ihn gibt es – typisch für das Naturverständnis vieler Isländer – genug Natur. Er begeistert sich mehr für technische Innovationen, mit deren Hilfe man Naturgewalten zähmen kann. Der junge Mann lebt mit seiner Familie

An einem schönen Maitag kurz vor Mitternacht am Seyðisfjörður

jenseits der Gebirgskette an der Küste in Seyðisfjörður. Von dort fahren jeden Tag 55 Leute, fast zehn Prozent der Bevölkerung, die 70 Kilometer zu ihrem Arbeitsplatz nach Reyðarfjörður.

Seyðisfjörður, in einem tiefen Talkessel am Ende des gleichnamigen Fjords gelegen, ist das genaue Gegenteil von Egilsstaðir: Der kleine Ort und sein Hafen können eine jahrhundertealte Tradition vorweisen, waren allerdings früher im Winter für Wochen, ja manchmal für Monate vom Rest des Landes abgeschnitten. Damals blieb oft nur die gefährliche Route übers Meer, und auch heute noch ist die einzige Straßenverbindung ziemlich fragil. Nicht nur im Winter: Als ich im Jahre 2012 Mitte Mai die Passstraße über das Küstengebirge nach Seyðisfjörður befuhr, steckte beiderseits der frisch geräumten Straße noch ein gutes Dutzend Autos im tiefen Schnee fest – Rettungsteams hatten zwei Tage zuvor die von einem späten Schneesturm überraschten Insassen befreit.

Das Gesicht des alten Handelsplatzes prägten zunächst vor allem dänische Kaufleute, bis ihnen am Ende des 19. Jahrhunderts, in den Jahren des Heringsbooms, die Norweger den Rang abliefen – das strenge Handelsmonopol der dänischen Krone war inzwischen gelockert worden. Seyðisfjörður hatte damals, was technische Innovationen betraf, islandweit die Nase vorn, wurde als erster Hafenort voll elektrifiziert, und auch das Unterseetelefonkabel von Europa lief hier durch. Obwohl von den zahlreichen Fischfabriken, die den Wohlstand des Ortes begründeten, heute nur noch zwei übrig geblieben sind, zeugen die malerischen Holzhäuser nach wie vor von dieser Blütezeit. Aber schon lange vorher wurde die Ostküste Islands, die Europa am nächsten liegt, besiedelt. Als Erste landeten um das Jahr 820 irische Mönche, von denen die alten Bücher der Isländer berichten und an die Namen wie Papey (Pfaffeninsel) und Papafjörður (Pfaffenfjord) erinnern. Die gläubigen Eremiten, die mit Fellbooten nach Island gelangten, wurden jedoch bald von den Wikingern vertrieben: 874 landete Ingólfur Arnarson aus Norwegen mit seinem Segelschiff und überwinterte am heutigen Ingólfshöfði im Südosten. Später diente der Osten mit seinen geschützten Buchten jahrhundertelang als Versorgungsbasis für ausländische Fischer. Allen voran kreuzten die Franzosen, die oft in Fáskrúðsfjörður vor Anker lagen, mit bis zu 100 mächtigen Segelschonern vor Islands Ostküste. Die Seeleute aus der Bretagne und der Normandie betrieben einen regen Tauschhandel mit den Einheimischen: Wollkleidung, Milch und Fleisch gegen Rotwein, Brandy, Biskuits und Kartoffeln.

Aber Seyðisfjörður ist nicht nur ein kleiner Fischerort mit Geschichte und Traditionsbewusstsein – es ist nach dem Flughafen Keflavík das zweite bedeutende Eingangstor nach Island. Jeden Donnerstag herrscht hier im Sommer Ausnahmezustand, wenn bis zu 1500 Passagiere mit der Fähre aus Dänemark ankommen. Für ihre Abfertigung reisen eigens Polizei- und Zollkräfte aus Akureyri und Reykjavík an, denn die Polizeistation wurde 2011 aus Kostengründen aufgelöst. Stattdessen befindet sich jetzt in dem Gebäude der staatliche Alkoholladen *Vínbúðin*.

Gleich daneben liegt das wichtigste Kommunikationszentrum, eine Tankstelle der Marke *Orkan* mit kleinem Restaurantservice. Das ist Birnas Reich. Die fünffache Mutter, die ein wenig der blonden Abba-Sängerin ähnelt, ist wie Elísabet aus Möðrudalur der Prototyp der selbstbewussten isländischen Frau: Als Teenager zog es sie aus dem ländlichen Osten nach Reykjavík, wo sie eine Automechanikerlehre begann, dann auf Friseur umsattelte, schließlich ihren Mann kennenlernte und schnell nacheinander vier Kinder bekam. Nebenbei arbeitete sie zwei Jahre lang bei der späteren Pleitebank *Kaupþing* an der Rezeption, kannte die Bosse mit all ihren Allüren persönlich und erledigte manchmal Botengänge und Einkäufe für sie. Als 2002 der Nachzügler zur Welt kam, entschieden sich Birna und ihr Mann Guðni intuitiv, nach jahrelangem Stadtleben wieder in ihre alte Heimat in die Ostfjorde zurückzukehren. Zwei stürmische Winter lang arbeitete Birna auf hoher See bei der Küstenwacht, dann übernahm sie die Tankstelle samt Restaurant, nebenher baute sie mit ihrer Familie eine ehemalige Fischfabrik zum Gästehaus um. Doch weil sie sich damit nicht ausgelastet fühlt – vier der fünf Kinder sind schließlich aus dem Haus – kellnert sie aus Spaß am Wochenende in der örtlichen Kneipe *Kaffi Lára* von Mitternacht bis vier Uhr morgens.

Lára war in den 1930er- und 1940er-Jahren eine Berühmtheit in Seyðisfjörður. Die Dame besaß nicht nur ein Restaurant und versorgte während des Zweiten Weltkriegs einen Teil der 3000 dort stationierten britischen Soldaten, sondern galt darüber hinaus als beste Schwarzbrennerin der Region. Dieser Tradition scheint sich der neue Eigentümer des Hauses ein wenig verpflichtet zu fühlen: Eyþór, der vor etwa zehn Jahren aus Reykjavík hierherkam und in dem alten Holzhaus ursprünglich einen Stripclub aufmachen wollte, entschied sich dann

Am Wochenende ist Kaffi Lára in Seyðisfjörður bis um 3 Uhr morgens geöffnet.

BIRNA *ist vor einigen Jahren wieder in ihre alte Heimat in den Ostfjorden zurückgekehrt.*

doch für eine Kneipe in der Grauzone zwischen Café und Bar. Sein Renner ist das nach eigener Rezeptur in der Hauptstadt gebraute Bier *El Grillo*, das sein Konterfei ziert. Benannt wurde es nach dem britischen Tankschiff, das 1944 im Fjord von deutschen Bombern versenkt wurde. Jeden Abend tummelt sich in Láras gemütlicher Wohnzimmeratmosphäre eine bunte Mischung aus Einheimischen sämtlichen Alters, hier ansässigen Künstlern und zufällig vorbeikommenden Touristen – dazu dann am Wochenende Birna, die den Laden an der Ausschankfront schmeißt, sowie dezent im Hintergrund, meist im grauen Flanellhemd und mit Hornbrille, der 76-jährige Chef.

Doch nicht nur flüssige Drogen sind hier ein Thema. In den 1970er-Jahren erhielt Seyðisfjörður in der Region den Beinamen »Klein Christiania« – in Anlehnung an den legendären »Freistaat« in Kopenhagen –, denn isländische Fischtrawler kehrten aus England, wo sie ihre Fracht verkauft hatten, in jenen Tagen häufig mit Marihuana und anderen Drogen in die Heimat zurück. Ein paar ältere Seeleute erzählen noch immer begeistert von den ausschweifenden Partys der Hippiezeit. Aber das ist Schnee von gestern. Heute sind es ganz sporadisch vor allem Touristen, die heiße Ware ins Land schmuggeln wollen. Birna wusste von einem besonders drastischen Vorfall zu erzählen. Vor einigen Jahren flippte bei einer Routinekontrolle der Drogenhund des Zolls völlig aus, und nach langem Suchen fanden die Beamten in dem mit doppelten Böden präparierten Wagen so viel Marihuana, dass man damit halb Island hätte berauschen können ...

Weiter im Süden hinter Höfn im Hornafjörður gibt es auf einer Küstenlänge von 250 Kilometern keinen einzigen Hafen mehr. In den auch durch zahlreiche Gletscherflüsse extrem isolierten Bezirken Suðursveit, Mýrar und Öræfi waren einst die französischen Segelschiffe, die im Frühjahr vor der Küste fischten, die einzigen Zeichen aus der großen Außenwelt. Hier sind die Menschen bis heute den Naturgewalten von Gletscher und Meer, die beide unablässig die flache Sanderküste neu formen, extrem ausgesetzt. Doch die größte Gefahr geht für die Bewohner von den Vulkanen aus, die unter dem Eis des Vatnajökull schlummern. Schon im 14. und 15. Jahrhundert verwüstete Ascheregen nach mehreren verheerenden Eruptionen die Weiden und zwang die Menschen, viele Siedlungen für einige Generationen aufzugeben.

Kneipenatmosphäre im Kaffi Lára in Seyðisfjörður

Mitternachtsstimmung am Fjordende bei Seyðisfjörður

Die durch Vulkanausbrüche unter dem Eispanzer hervorgerufenen Schmelzwasserfluten, sogenannte Gletscherläufe, verschütteten im Lauf der Zeit vor allem im Gebiet um Skaftafell einen großen Teil des Weidelands auf den Sanderebenen. Schließlich zogen sich die Bauern mit ihren Höfen wegen der ständigen Flutgefahr lieber auf die sicheren Berghänge zurück.

An dieser hafenlosen Küste war der Fischfang früher eine ausgesprochen mühselige Angelegenheit. Die Boote mussten so konstruiert sein, dass man sie gut und schnell durch die Brandung über den Strand ziehen konnte. Dafür schwankten sie aber auf hoher See umso mehr, sodass die Männer regelmäßig seekrank vom Fang zurückkehrten. Zum Ausgleich bescherte das Meer den Bewohnern der Südostküste jedoch ganz besondere Schätze: Immer wieder strandeten an dieser von Sandbänken durchsetzten Küste nämlich Handelsschiffe mit kostbaren Gütern. Man sprach von einem »guten« Schiffbruch, wenn alle Seeleute gerettet werden konnten und sich gleichzeitig viel Ware auf dem Schiff befand, die meist auf einer Auktion der Gemeinde versteigert wurde. So findet man noch heute an einigen alten Schafställen Türen aus Mahagoni-Holz, das als Schwemmgut von einst havarierten Schiffen stammt.

Der Schriftsteller Þórbergur Þórðarson wuchs Ende des 19. Jahrhunderts in dieser abgeschiedenen Region auf – ein scharfer, oft selbstironischer Beobachter der kargen Lebensverhältnisse und zugleich ein Mensch voller Widersprüche: Es trieb ihn hinaus in die große Welt, er reiste bis nach China, schrieb Bücher in Esperanto, widmete sich dem Yoga und den Mystikern, aber gleichzeitig vergaß der Querdenker nie seine Herkunft. In seinen Werken kreuzen sich die Welt des Bauernjungen aus Suðursveit und die des visionären Philosophen, der sich Gedanken über die zunehmende Globalisierung macht und gleichzeitig an übernatürliche Erscheinungen glaubt. Realität und Fiktion verschwimmen bei ihm, Þórbergur erzählt von Elfen in den Hügeln, von weiblichen Bergtrollen, die arglose Schafzüchter beim Eintreiben der Tiere erschrecken, von nächtlichen Gespenstern und unheimlichem Getier, von beißwütigen Brunnenkäfern und von giftigen Aalen, die in den sumpfigen Wiesen ihr Unwesen treiben. Einer dieser Wurmaale, so besagt eine der Geschichten, habe sich einst einer jungen Frau bei der Landarbeit so ums Bein geschlungen, dass sie fortan nur mehr auf einer Krücke humpeln konnte und niemand sie mehr heiraten wollte.

»Die Wurmaale gibt es hier in der Gegend tatsächlich«, bestätigten mir die Brüder Hálfdán und Helgi aus Kvísker. Sie sind die Letzten von ursprünglich neun Geschwistern, übrig geblieben aus einer gänzlich anderen Zeit. Sie können sich noch erinnern, dass die isoliert lebenden Bauern aufschrieben, was ihnen so auffiel, und es bei irgendeiner Gelegenheit den weit entfernten

Die mächtigen Flüsse Skaftá und Hverfisfljót entspringen aus dem Eis am Südrand des Vatnajökull.

Nachbarn mitteilten. Wo die Naturgewalten so präsent sind, ist es wichtig, die Phänomene genau zu beobachten. Nicht immer lebte man hier so abgeschieden, wissen die Brüder zu berichten, denn zur Zeit der Landnahme, vor etwa einem Jahrtausend also, habe ein viel wärmeres Klima geherrscht. Die Gletscher waren erheblich kleiner, und ein Viertel des Landes bestand aus Birkenwald. Bis zum 16. Jahrhundert konnten die Bauern im Sommer mit Heu und Schafherden quer über den riesigen Vatnajökull-Gletscher zu den größeren Weiden bei Möðrudalur ziehen. Dann begann die sogenannte kleine Eiszeit und schnitt die Region weitgehend ab.

Vielleicht ist das der Grund, warum die beiden Brüder, die nie vom elterlichen Hof wegzogen, sich als Autodidakten über viele Jahrzehnte intensiv mit den Naturwissenschaften beschäftigten. Mit ihrer Feldforschung und ihren Studien zur Botanik, Ornithologie und Gletscherkunde erlangten sie den Ruf anerkannter Experten und korrespondieren mit Fachleuten aus aller Welt. Früh lernten sie, die gefährlichen Gletscherflüsse zu »lesen« und die möglichen Passagen zu erkennen. Allerdings stellten diese eiskalten Fluten bis auf seltene Ausnahmen im Winter und Frühjahr meist so unüberwindliche Hindernisse dar, dass man es vorzog, mit Packpferden über die Gletscher zum nächsten Ort zu gelangen. »Als kleine Jungen haben wir in den 1940er-Jahren unseren Vater begleitet, wenn er im Frühsommer die Route über den Breiðamerkur-Gletscher mit Holzpflöcken neu markierte«, erinnerte sich Hálfdán. Trotzdem war auch diese Route aufgrund der ständigen Bewegung des Eises nicht ungefährlich – so stürzte einmal 1927 der Postbote mit seinen Pferden in eine Gletscherspalte. Aber seitdem ist nichts mehr passiert, was vor allem an der Brücke liegt, die 1967 über die Gletscherlagune errichtet wurde, sowie im Westen an der Trasse durch den riesigen Skeiðarársandur. Mit ihr war sieben Jahre später anlässlich der 1100-Jahrfeier Islands die Ringstraße rund um die Insel vollendet.

Unmittelbar hinter den endlosen Schotterebenen des Skeiðarársandur reckt sich eine monströse, über 750 Meter hohe Steinpalisade namens Lómagnúpur gen Himmel. Der Njáls-Saga zufolge sollen sich in dem Riesenfelsen die Seelen von verstorbenen Helden befinden. Darunter duckt sich ein einsames kleines Gehöft namens Núpsstaður in die Grassoden, wo ein anderes Brüderpaar, Eyjólfur und Filippus, zeitlebens wohnte. Selbst im hohen Alter tuckerten die beiden rüstigen Herren mit ihrem betagten Jeep, einem von Hand gelb-rot lackierten, hie und da durchgerosteten Willys, Baujahr 1950, alle paar Wochen zum Einkaufen nach Kirkjubæjarklaustur – nur für diese Teilstrecke war der Jeep noch zugelassen. Als Eyjólfur 2004 im Alter von 96 Jahren starb, blieb nur noch Filippus als Einziger aus einer zehnköpfigen Geschwisterschar übrig. Ich traf ihn im Jahre 2009 auf seinem Hof, wo der inzwischen 98-Jährige auf einem Stein saß und den Blick schweifen ließ: Zunächst zu seinem steinernen Nachbarn, dem Riesenfelsen Lómagnúpur, dann weiter über die Sanderebenen bis hin zum weit entfernten Gletscherschild des

Vatnajökull. Wie er so dasaß, schien er bereits zu Lebzeiten eins geworden zu sein mit seiner Umgebung. Plötzlich schwirrte eine Touristengruppe auf sein Grundstück, weil dort außer seinem unscheinbaren, mit Wellblech verkleideten Haus eine wunderschöne, winzige alte Torfkirche aus dem 17. Jahrhundert steht. Filippus schaute sich das Treiben eine Weile lang an, als wollte er sagen: »Was wisst ihr schon von diesem Ort, von seiner Schönheit und Kraft, aber auch von der ständigen Arbeit, der Mühsal aller Jahre.« Für einen Moment schien es, als würde ihn der flüchtige Trubel belustigen, dann zog er sich wortlos in seine Behausung zurück. Filippus starb im folgenden Jahr und wurde nur wenige Meter von seinem Stein und seinem Haus entfernt direkt an der alten Torfkirche begraben.

Er und sein Bruder wussten, was wir, die Städter, die Aussteiger auf Zeit, die eiligen Touristen, denen die ursprüngliche Bindung an die Natur fehlt, meist nicht mehr wahrnehmen: Alles hier zwischen Gletscher, Vulkanen und Meer ist in ständiger Bewegung. Als in den 1980er-Jahren eine isländische Gruppe ein mit Gold beladenes holländisches Segelschiff suchte, das 1667 an der Küste gestrandet war, fand sie es trotz modernstem Suchgerät nicht. Stattdessen stieß sie in 14 Metern Tiefe und 120 Meter landeinwärts vom jetzigen Ufersaum auf einen 1903 auf Grund gelaufenen deutschen Trawler. Und ähnlich wird in gut 100 Jahren der riesige Stausee von Kárahnjúkar mit Sedimentschutt angefüllt und die Gletscherlagune Jökulsárlón vom Meer verschlungen sein. Schicht um Schicht, Welle auf Welle wird aufgetragen, abgetragen. Menschen tauchen in der Landschaft auf, halten kurz inne und verschwinden wieder. Übrig bleiben schlussendlich nur die Geschichten ...

Beständig schwemmt die Meeresbrandung Eisberge aus der Gletscherlagune Jökulsárlón an die Küste.

7:33 / ELDHRAUN *Grüne Welle: Zackenmützenmoos bedeckt die Lava der großen Laki-Eruption.*

18:42 / VÍK *Laufbahn: Islandpferde auf dem Weg nach Höfðabrekka entlang der alten Steilküste*

11:15 / LANGISJÓR *Tintenfass: Der abgelegene Bergsee liegt unweit der Laki-Spalte am Rande des Vatnajökull*

10:43 / MÆLIFELL *Kegelbahn: Der erloschene Tuffvulkan inmitten einer Sedimentebene nahe des Mýrdalsjökull*

10:58 / LAKI *Außerirdisch: Merkwürdig geformte Moosflächen nahe der Laki-Vulkankraterreihe*

1:03 / LANDMANNALAUGAR *Bogenlampe: Polarlichtstimmung in einer Vollmondnacht im September*

11:41 / SÓLHEIMAJÖKULL *Eiswürfel in einer Gletscherhöhle am Südrand des Mýrdalsjökull*

23:41 / HRUNAGIL *Feuerfluss: Ein Lavastrom wälzt sich vom Fimmvörðuháls hinunter in einen Canyon.*

INGA *aus Þorvaldseyri hatte die Idee zu einem Vulkanmuseum.*

7

DUNKLE MÄCHTE – HELLE NÄCHTE

VOM MÝRDALSJÖKULL NACH REYKJAVÍK

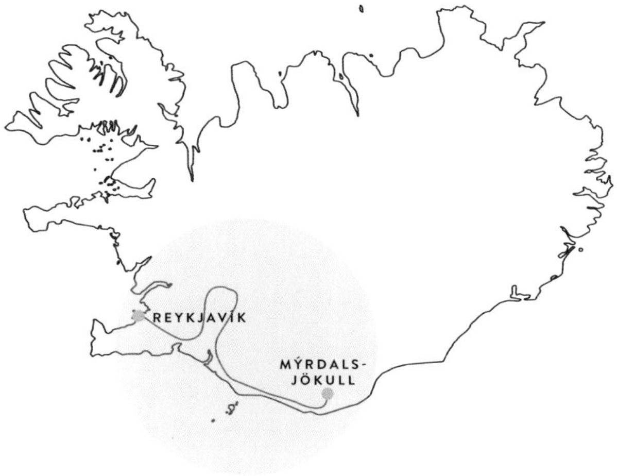

3271 KILOMETER

Ein Land, in dem Naturkatastrophen das Werk der Menschen beständig zerstören, musste fast zwangsläufig eine reiche Sagenwelt hervorbringen, um das Unbegreifliche zu deuten und ihm vielleicht doch einen Sinn zu geben. Da kann auch ein Vulkan personifiziert werden, wie die Katla, die als extrem aktiv und gefährlich gilt. Einer alten Sage nach war Katla eine Haushälterin im Kloster Þykkvibær auf dem Mýrdalssandur. Sie stand im Ruf, mit finsteren Mächten im Bund zu sein. Eines Tages zog Barði, der Schafhirte des Klosters, heimlich Katlas Zauberhosen an (eine Art Siebenmeilenstiefel), um entlaufene Schafe in den Bergen schneller wiederzufinden. Als er mit den Tieren zurückkehrte, ertränkte sie ihn aus Zorn über den Diebstahl und versteckte seine Leiche in einem großen Fass voller *skyr* (Magerquark). Als der Bottich im Laufe der Zeit von den Klosterbewohnern fast geleert worden war, fürchtete Katla, entdeckt zu werden. Deshalb flüchtete sie mit ihren Zauberhosen rasch in die nahen Gletscherberge, sprang in einen Krater hinein und verursachte dadurch eine gewaltige Flutwelle aus geschmolzenem Eis.

Tatsächlich entstand der Vulkan Katla unter dem Eispanzer des Mýrdalsjökull vor etwa 10 000 Jahren und brach in der Neuzeit meist zweimal pro Jahrhundert aus. Seine Eruptionen sind deshalb so gefürchtet, weil innerhalb kürzester Zeit enorme Gletscherläufe entstehen können: Beim bislang letzten Ausbruch im Oktober 1918 flossen für einige Stunden über den Mýrdalssandur bis zu 200 000 Kubikmeter Wasser pro Sekunde – mehr als der Durchfluss des Amazonas. Die sedimentbeladenen Fluten transportierten haushohe, bis zu 200 Meter lange Eisberge Richtung Küste, die sich dabei nochmals um einen halben Kilometer meerwärts schob.

Seit Jahrzehnten ist eigentlich ein neuer Ausbruch der Katla überfällig, doch stattdessen rumorte es am 20. März 2010 am benachbarten Eyjafjallajökull (Inselberggletscher). Fast 200 Jahre lang hatte der Vulkan unter dem Eis geschlafen, nun versprühte er Feuerfontänen. Als ich vier Tage später von meinen isländischen Freunden eine E-Mail mit spektakulären Aufnahmen eines Lavastroms erhielt, der aus den verschneiten Bergen in eine Schlucht stürzte, war ich wie elektrisiert und saß zwei Tage später im Flieger nach Keflavík. Darauf hatte ich 25 Jahre gehofft: ein Vulkanausbruch oben im Gletscher – eine Liveshow *Feuer und Eis*, umsonst und in freier Natur! Nur die Anfahrt zu diesem Event gestaltete sich etwas schwierig, da die einzige Route über tief verschneite

DESHALB FLÜCHTETE KATLA MIT IHREN ZAUBERHOSEN IN DIE NAHEN GLETSCHERBERGE, SPRANG IN EINEN KRATER HINEIN UND VERURSACHTE DADURCH EINE GEWALTIGE FLUTWELLE AUS GESCHMOLZENEM EIS. ”

Ein Konvoi aus Superjeeps nähert sich in der Dämmerung dem Vulkankrater am Eyjafjallajökull.

Eisfelder des Nachbargletschers Mýrdalsjökull führte. Fast jeder Einheimische mit halbwegs jeepähnlichem Gefährt meinte, er müsse als Nachfahre der Wikinger trotz zeitweise minus 15 Grad und Sturm unbedingt auf den Berg. Keine Behörde sperrte den Zugang, und so zog sich drei Tage lang ein ameisenhafter Hightechkonvoi zur Eruptionsstelle am Fimmvörðuháls hoch. Die sehr reale Gefährdung durch Gesteinsbomben oder Gasexplosionen hat kaum jemand vor Ort bewusst wahrgenommen, dazu war das ganze Schauspiel zu sinnlich-ästhetisch und zu spektakulär. Einige Schaulustige brachten sogar ihren Grill auf den Gletscher mit, Helikopter schwirrten wie in einem Blockbusterfilm um den Krater herum, aus einem der Superjeeps schallte dazu passend der AC/DC-Klassiker *Highway to Hell*.

Erst zwei Tage später sperrten die Behörden die Zufahrtsroute, weil sich eine weitere Eruptionsstelle andeutete und außerdem zwei von der Tiefschneepiste abgekommene Katastrophentouristen erfroren waren. Ich flog nach drei rauschhaften Tagen und Nächten am Vulkan zurück in den deutschen Frühling – die große Aschewolke ab Mitte April, die den Flugverkehr über halb Europa lahmlegte, erlebte ich nicht mehr vor Ort.

Die ersten, die den Ausbruch bemerkten, waren die Bauern in der schmalen Küstenebene im Süden. »Viermal wurde meine Familie evakuiert«, erzählte mir zwei Jahre später Inga aus Þorvaldseyri. Nur ihr Vater Óli blieb alleine zurück, um die 200 Kühe im Stall zu füttern und das Naturspektakel mit der Kamera zu dokumentieren, bis auch er vom Katastrophenschutz aus der Gefahrenzone herausgeholt wurde. Als sie nach knapp zwei Wochen zurückkehrten, waren die Tiere wohlauf, aber ihre 1000 Hektar Acker- und Weideland lagen unter einer dicken Ascheschicht begraben. Den Hof aufzugeben kam überhaupt nicht infrage, denn er befindet sich seit über einem Jahrhundert in Familienbesitz. Also packten alle an, und bereits einen Monat später war Þorvaldseyri auch dank der vielen freiwilligen Helfer von 400 Tonnen Asche befreit.

Ein paar Monate später, irgendwann im Spätherbst, als die Familie gemeinsam abends am Küchentisch saß, kam Inga, die früher in Reykjavík jahrelang im Tourismus

Ein Hubschrauber kreist wie in einem Blockbuster-Film über den Lavafontänen des jungen Vulkans.

gearbeitet hatte, die Idee mit einem Vulkanmuseum. Ihr Vater, ein Agrarpionier in Sachen Weizen-, Gerste- und Rapsanbau, war sogleich begeistert. Ganz nach Art der Isländer diskutierte die Familie gar nicht lange herum, sondern legte gleich los und baute einen alten Schuppen an der Ringstraße zum *Eyjafjallajökull Visitor Centre* um. Inga holte sich professionellen Rat von ein paar befreundeten Innendesignern, und so entstand eine kleine charmante Lokalität mit Fotoausstellung, Zeittafel und einem Minikino mit 55 Sitzen. Der Vulkanausbruch, der ganz Europa das Fürchten lehrte, wurde dank Ingas cleverer Idee für Þorvaldseyri zur Goldgrube: Die Investitionen von umgerechnet über 100 000 Euro amortisierten sich schneller als erwartet, bereits in den ersten zwölf Monaten seit der Eröffnung im April 2011 kamen über 30 000 Besucher – der Eintritt für den Dokumentarfilm kostet umgerechnet fünf Euro. Auch beim Merchandising machte Ingas Familie aus der Not eine Tugend: Ein besonderer Renner unter den Souvenirs sind coole Vulkan-T-Shirts, die ein Cousin herstellt sowie kleine Einmachgläser mit echter Vulkanasche vom Eyjafjallajökull. Um Nachschub dafür braucht sich in Þorvaldseyri wirklich niemand Sorgen zu machen, denn es liegt noch genügend Asche in der Region herum. »Unser Nachbar dort oben bereitet uns manchmal schon richtig Probleme, aber irgendwie hat er auch seine guten Seiten«, sagte Inga und deutete mit einer Kopfbewegung lächelnd hinauf zum Vulkan, als ich mich von ihr verabschiedete.

Glück und Unglück liegen allerdings auch hier wie so häufig dicht beieinander. Der Bauer im Nachbartal Seljavellir leidet stärker unter den Folgen des Ausbruchs und möchte bis heute nicht auf die Vulkankatastrophe angesprochen werden. Erst vor Kurzem konnte die Familie, die seit dem Ausbruch zu allem Überfluss unter Asthma leidet, in ihre Heimat zurückkehren, denn in dem engen Tal waren die Verwüstungen vor allem durch Schlammfluten erheblich größer als auf Þorvaldseyri. Doch die beständig neuen Sedimentablagerungen stellen für Islands Süden gleichzeitig einen Segen dar, weil sie Landerweiterungen mit sich bringen. Das gesamte weite Küstenschwemmland, das heutige Zentrum der Landwirtschaft, entstand erst auf diese Weise seit der letzten Eiszeit vor etwas über 10000 Jahren. Zugegebenermaßen wirkt die Strecke durch die monotone Ebene nach so viel Urlandschaft, gespickt mit Vulkanen, Gletschern, Steilküsten und Wasserfällen, recht langweilig – sie gleicht ein wenig einer Fahrt durch Friesland, überall plattes Land, Kühe und Schafe, dazu viele Bauernhöfe, die oftmals wie auf einer Halligwarft leicht erhöht stehen.

Deshalb mache ich hier immer gerne einen kleinen Abstecher nordwärts, zum Geysir und zum Wasserfall Gullfoss. Zwei touristische Highlights nahe Reykjavík, die im Sommer Scharen von Touristen anziehen. Nur einmal, als ich im März 2003 die Insel bereiste, erlebte ich Geysir und Gullfoss ohne Menschen, dafür mit Schnee und Eis. Im letzten Dämmerlicht erreichte ich den völlig leeren Parkplatz vor dem Wasserfall. Souvenirladen und Restaurant waren geschlossen, bloß das Infohäuschen war geöffnet und sogar beheizt. Spontan beschloss ich, dort in einem kleinen Nebenraum mit meinem Schlafsack zu übernachten, damit ich am nächsten Tag im ersten Morgenlicht fotografieren konnte. Mitten in der Nacht schreckte ich plötzlich aus dem Schlaf, weil ein paar Unbekannte die Hütte betraten – keine Einheimischen, sondern den Stimmen und dem Auftreten nach drei oder vier amerikanische Soldaten der US-Militärbasis in Keflavík. Offensichtlich waren sie zu Fuß in der kalten Nacht unterwegs – ich hatte kein Motorengeräusch vernommen – und wollten vermutlich ebenfalls hier übernachten. Durch die abgeschlossene Tür meines Nebenraums belauschte ich sie. Sie wirkten aggressiv, was mich davon abhielt, sie einfach zu begrüßen und nach dem Grund ihrer späten Ankunft zu fragen. Plötzlich hörte ich einen sagen: »Hey, lasst uns das verdammte Auto knacken!« Ich erstarrte. Falls sie wirklich mein Auto aufbrechen sollten und danach mich entdeckten, würden sie mich als einzigen Zeugen womöglich gleich im nahen Wasserfall entsorgen, um später keinen Ärger zu bekommen. Ein Gedanke, der gar nicht so abwegig war, weil in solchen Fällen schnell eine unehrenhafte Entlassung droht.

Was nun? Entkommen konnte ich nicht, denn durch diese Andeutung von Fenster konnte ich mich nie und nimmer zwängen. Ich war gefangen ... Quälend zäh und langsam vergingen die Minuten und Stunden dieser Nacht. Die Soldaten lärmten nebenan, stießen mit ihren Stiefeln gegen irgendwelche Gegenstände, während ich

Die einzige Piste zum neuen Vulkan führte über den Gletscher Mýrdalsjökull.

ÖRVAR *vor dem neuen Konzerthaus Harpa im Hafen von Reykjavík*

Abendstimmung im Zentrum von Reykjavík unweit der berühmten Hotdog-Bude »Bæjarins beztu«

Bühnentechniker in der Staatsoper. Wie so viele Isländer ging er irgendwann mit seiner Frau Þóra zum Studium ins Ausland. Während seiner Zeit an der Universität für Musik und darstellende Kunst in Wien jobbte er nebenher als Fliesenleger und Klempner, gab Selbstverteidigungskurse für Isländerinnen. Nach sieben Jahren, in denen Örvar auch Hans Moser parodieren lernte, kehrte das Paar wegen des Sohnes, der inzwischen geboren worden war, wieder nach Island zurück.

Wir unterhielten uns über die enormen Veränderungen der letzten Jahre. Die Globalisierung hat auch vor der einst isolierten Vulkaninsel nicht haltgemacht: Billige Arbeitskräfte aus Fernost und Russland sind in der Hotelbranche tätig, fast 10 000 Menschen polnischer Herkunft leben auf Island. Nun möchte ein reicher Chinese das verlassene Gehöft Grímsstaðir im Nordosten erwerben, um dort ein Luxuswellnessresort mit Golfplatz zu errichten. Viele Isländer befürchten einen zunehmenden Ausverkauf ihrer kostbaren Natur. Der boomende Tourismus verändert die Insel unübersehbar – immer häufiger stößt man auf geschmacklose, eilig errichtete Containerhotels. Der typische Island-Tourist ist auch nicht mehr wie einst Naturliebhaber und Wanderer. Nein, Action muss her: Snowscooter- und Superjeeptouren liegen voll im Trend, dazu vielleicht ein kleiner Helikopterflug plus Canyoning. Rastlos hakt eine neue, ständig vernetzte Generation von Touristen die Highlights ab.

Zum Glück gibt es eine Gegenströmung – Menschen wie Árni und Birna, die mit ihrer Familie wieder aufs Land ziehen. Die Finanzkrise hat die Isländer wieder auf den Boden zurückgeholt, die Mär vom ewigen Wachstum, vom Wohlstand auf Pump ist über Nacht zerstoben. Allerorts findet eine Rückbesinnung statt: mehr Zeit für die Familie, für Bücher, für Traditionen. Kinder lernen wieder die Zubereitung isländischer Gerichte, einheimische Produkte liegen voll im Trend, und vielleicht nicht ganz zufällig floriert die Kulturszene wie nie zuvor.

Hinzu kommt eine Art dritter Dimension, eine speziell isländische Komponente – Island-Sagas aus der Gegenwart wie die wahre Geschichte von Árni Johnsen: Ehemals Parlamentsabgeordneter wurde er 2003 zu einer Gefängnisstrafe verurteilt, weil er als Mitglied der Kommission für die Restaurierung des Nationaltheaters Baumaterialien eingekauft, jedoch für sein eigenes Heim zweckentfremdet, zusätzlich Geld unterschlagen und Schmiergeld angenommen hatte. Während seiner zweijährigen Haftzeit erhielten alle Insassen dank seines Einflusses neue Betten und moderne Flachbildschirme. Schließlich begnadigte ihn der Staatspräsident. Nach seiner Entlassung entschloss sich Árni zu einer Kreuzfahrt in die Karibik. Dabei nahm er nicht nur seine Frau, sondern auch seinen Gefängniswärter samt dessen Ehefrau mit. Als der Vulkan im Süden des Landes ausbrach, gewann er bei den Bauern im Suðurland Sympathien, weil er sich mit ihnen solidarisch zeigte, zum Beispiel mit geräucherten Lammkeulen auf den verwüsteten Höfen auftauchte, und so wurde Árni erneut als Abgeordneter ins Parlament gewählt. Kurz danach hatte er auf der Ringstraße in der Nähe der Hellisheiði einen schweren Unfall: Sein Wagen überschlug sich mehrfach und landete 40 Meter von der Straße entfernt vor einem großen Stein. Er aber stieg völlig unverletzt aus den Trümmern und glaubt seitdem fest daran, dass Elfen in diesem Stein sein Leben gerettet hätten. Als der große Brocken im Zuge einer Straßenverbreiterung weggeräumt werden sollte, wandte er sich zunächst an die Elfenspezialistin Ragnhildur Jónsdóttir. Sie inspizierte den Felsblock gemeinsam mit Árni und teilte ihm mit, dass gleich drei Generationen von Elfen in diesem Stein wohnen – oben ein älteres Ehepaar, unten ein junges Paar mit drei Kindern. Die Bewohner hätten ihr deutlich zu erkennen gegeben, dass sie gerne an einen ruhigeren Platz umsiedeln würden. Daraufhin veranlasste er den Abtransport des 30 Tonnen schweren Elfensteins in seine Heimat nach Vestmannaeyjar – die Elfenspezialistin begleitete die besondere Fracht. Natürlich bezahlte er bei der Fährüberfahrt das Ticket für die Bewohner. Nun steht der Gesteinsbrocken vor seinem Haus, die »Fensterseite« des Elfenhauses blickt, wie von den Elfenbewohnern gewünscht, aufs Meer hinaus …

Wie wird es mit Island und unserem Planeten weitergehen? Þórbergur Þórðarson, der so unkonventionelle, bereits 1974 verstorbene Literat aus dem Osten Islands, formulierte in seinem Buch *Sálmurinn og blómid* (»Lobgesang auf eine Blume«) eine Vision, die genau zu dieser neuen isländischen Dimension passt: »Aber wenn die Leute dann unglaublich viel Fortschritt genossen haben, dann beginnen sie sich zu langweilen. Dann werden die Leute anfangen, mit dem Wetter, den Blumen und den Steinen zu sprechen und dem Gesang der Sterne zu lauschen.«

Der Leuchtturm an der äußersten Spitze von Seltjarnarnes ist meist nur bei Ebbe zu erreichen.

KODEN
RE477

2:55 / **REYKJAVÍK** *Bühnenlicht: Fischtrawler und das neue Konzerthaus Harpa im Hafen der Hauptstadt*

MAKING OF

Gammelhai vor der Nase (Bjarnarhöfn 2011)

Perfekter Rundblick (Þórsmörk 2009)

Am Eingang zur Eishöhle (Kverkfjöll 2008)

Neue Berufsperspektive (Vesturdalur 2008)

1-PS-Freiheit (Snæfellaströnd 2011)

Allein an der Eislagune (Jökulsárlón 2011)

Mitternächtliches Interview (Grundarfjörður 2011)

Jeder Zentimeter zählt (Látrabjarg 2008).

DANK

Ohne die besondere Gastfreundschaft, Hilfsbereitschaft und das Engagement vieler Menschen wäre dieses Buch nie entstanden. Ein besonders herzliches Dankeschön an
Árni Finnson, Birna Pálsdóttir, Elísabet Kristjánsdóttir, Emil Þór Sigurðsson, Evelyn Kuhne, Guðmundur Valtýsson, Hildibrandur Bjarnarson, Hjalmar Diego Haðarson, Ingi Hans Jónsson, Örvar Már Kristinsson, Sólrun Jónsdóttir, Svavar Jónatansson, Sverrir Guðmundsson, Þórður Halldórsson, Valdimar Eliasson, Vilhjálmur Vernharðsson

Der Autor dankt auch seinen Kooperationspartnern Volkswagen, Leica Camera, 66° Nord und Island Pro Travel für die erfolgreiche und vertrauensvolle Zusammenarbeit.

Dieses Buch widme ich meiner Frau Anne.

IMPRESSUM

Konzeption & Text: Peter Gebhard
Fotografie: Peter Gebhard

Fotos Making Of:
S. 190 l.o., S. 191 l.u.: Emil Þór Sigurðsson
S. 190 l.u., r.u.: Andreas Langen
S. 191 l.o.: Svavar Jónatansson

Layout & Satz: Corinna Cramer
Produktmanagement: Dorothea Teubner
Lektorat: Ulrike Nikel
Herstellung: Bettina Schippel
Litho: Repro Ludwig, Zell am See
Druck & Bindung: Korotan, Ljubljana

Bibliografische Information der Deutschen Nationalbibliothek. Die Deutsche Nationalbibliothek verzeichnet diese Publikation in der Deutschen Nationalbibliografie; detaillierte bibliografische Daten sind im Internet über http://dnb.d-nb.de abrufbar.

ISBN 978-3-89405-927-9
www.frederking-thaler.de

FREDERKING & THALER
www.frederking-thaler.de